本书获国家自然科学基金面上项目(71372193)、教育部人文社会科学研究规划基金一般项目(19YJA630020)和国家社会科学基金一般项目(20BGL082)资助

基于上市公司年报的非财务信息披露研究

高锦萍 等 著

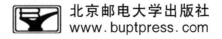
北京邮电大学出版社
www.buptpress.com

内 容 简 介

不同于财务信息通过数据信息进行披露的表达方式,非财务信息主要是以文字为载体的文本信息。随着大数据分析理念的丰富化,研究者开始利用人类强大的视觉技能和情感启发式来探究上市公司年报中海量文本信息的增量效应。

本书主要包括以下内容:其一,通过搜集有关数据,阐述并分析上市公司年报语言转向和视觉转向的信息披露现状;其二,分析和检验年报中语言转向的信息披露效应,利用实证分析、行为学实验和内隐联想测验,探究上市公司年报中信用信息披露质量对资本成本的影响以及可读性对投资者投资意愿与行为的影响;其三,探索年报中视觉转向的信息披露效应,采用行为学实验、眼动追踪技术,探究年报中视觉图像披露对投资者的注意力分配的影响及对投资者行为的作用路径;其四,对企业、监管机构和投资者三方提出实践层面的改进建议。

图书在版编目(CIP)数据

基于上市公司年报的非财务信息披露研究 / 高锦萍等著. -- 北京:北京邮电大学出版社,2024. -- ISBN 978-7-5635-7270-0

Ⅰ. F279.246

中国国家版本馆 CIP 数据核字第 2024F299T2 号

策划编辑:彭 楠　　责任编辑:孙宏颖　　责任校对:张会良　　封面设计:七星博纳

出版发行:北京邮电大学出版社
社　　址:北京市海淀区西土城路 10 号
邮政编码:100876
发 行 部:电话:010-62282185　传真:010-62283578
E-mail:publish@bupt.edu.cn
经　　销:各地新华书店
印　　刷:保定市中画美凯印刷有限公司
开　　本:720 mm×1 000 mm　1/16
印　　张:12.5
字　　数:240 千字
版　　次:2024 年 7 月第 1 版
印　　次:2024 年 7 月第 1 次印刷

ISBN 978-7-5635-7270-0　　　　　　　　　　　　　　　　　定 价:58.00 元

・如有印装质量问题,请与北京邮电大学出版社发行部联系・

前　言

　　数字时代信息量呈爆炸式增长,如何从海量数据中抽取有价值的资源并有效地将其传递给信息使用者,成为信息发布者的新命题。公司年报是公司经营状况、价值理念以及管理智慧等重要信息的披露渠道,主要包括财务信息和非财务信息。一般情况下,人们更关注公司年报中较易获得的财务信息,然而随着大数据分析理念的丰富化,越来越多的研究者开始利用人类强大的视觉技能和情感启发方式来探究年报中海量文本信息的增量效应。近年来,非财务信息披露以其内容的丰富性和形式的多样性,在企业年报信息披露中地位越来越高,逐渐受到信息使用者和研究者的关注。本书重点关注年报中的信用文本信息披露、文本信息的可读性以及高管照片等视觉信息的披露,探究信用文本信息披露对债券资本成本和股权资本成本的影响,运用行为学实验的方法分析语言元素和视觉元素具体特征对投资者感知及决策的提升和引导作用。

　　公司年报被视为主要信息披露渠道和重要的信息交流工具,通过降低道德风险、缓解逆向选择以及有效发挥资本市场功能来提高决策的效率。在公司年报信息披露管理的过程中,谁能选择更有效的信息披露内容和披露方式,积极传递信号,激发投资者情感,引领理性选择,谁就有机会获得投资者更多的信任和青睐,成为资本市场上的赢家。公司年报财务信息的决策有用观受到广泛认可。长期以来人们重点关注财务报表中的数据信息,容易忽略公司年报中财务报表内无法表现的非财务信息。不同于财务信息通过数据信息进行披露的表达方式,目前境内外公司年报中的非财务信息主要是以文字为载体的语言信息,这使得公司年报中的文字信息变得越发重要。

　　语言转向(linguistic turn)最显著的特征,就是对语言进行分析,越来越多的研究关注公司年报中语言元素的内容和特征。公司年报语言元素内容包括公司简介、管理层讨论与分析、股份变动及股东情况、环境与社会责任、公司治理、重要事项等部分,能反映公司高管的心态、愿望、意识形态、信用和战略思考,概述影响公司当前业绩和未来前景的行业因素和经济因素,补充强制性披露的内容。公司年报中的语言信息能够帮助年报使用者了解和预测公司未来的财务业绩、信用风险和破产风险,为信息使用者提供有用的增量信息。公司年报语言元素特征主要聚焦在文本的可读性、可理解性、自利性、语言表述时的情感倾向(语调)等方面。作为公司年报语言元素特征中的关键特征,可读性和语调在很大程度上影响着投资者的信息处理流畅性和情感体验,进而影响投资者的判断和决策。

人类获取的信息80%以上来自视觉系统,一图胜千言。20世纪30年代随着年报中图像的出现,将相关信息通过图片的形式加以表达被越来越多的公司采用。公司年报中视觉信息的作用逐渐成为研究的关注点,主要体现在三个方面:第一,图片透明地传达公司的某项信息;第二,图片反映思想意识形态方面的深层次内容;第三,图片创造不同类型的人类主观性和现实。年报中视觉图像的解读可以分为直接意指(denotation)和含蓄意指(connotation)两个维度,即表示和象征。直接意指和含蓄意指不可避免地交织在视觉形象中,形成了所谓的"意象修辞"。

视觉转向(visual turn)源于语言转向。在公司年报中,视觉图像在文本信息中特别显著,例如管理层报告、董事会报告、可持续发展报告中的图像。投资者比较关注这些报告的文本中包含的图像,以摄影照片为代表的视觉图像对公司利益相关者关系的创造和形成做出了巨大贡献,因为它们吸引投资者的注意力,以表示或象征的方式记录公司的故事,引起投资者有利的情感反应,并促进投资者信息的记忆。目前,人力资本图像是境外上市公司年报中重要的视觉元素,在公司年报最开始部分的主席报告书中就会披露高管照片。照片反映个体的外貌信息,其中面孔是最重要的先天特征,与人的感觉系统相关。面孔的特征有助于人类对他人的个性、地位、职业、角色、年龄等个人特征进行推断。面孔吸引力是指人物面孔所诱发的一种积极愉悦的情绪体验并驱使他人产生接近意愿的程度。面孔信任感是指面部结构特征所决定的个体值得信任的程度。目前已有研究表明高管的先天特征与公司的财务行为有关,会对投资者的决策判断产生影响。

目前,在中国香港等境外上市公司年报的信息披露中,在披露财务信息和语言信息的基础上,以图像为载体的视觉信息的披露不断增多。披露的视觉图像内容主要是反映公司的人力资本、产品服务、文化理念、荣誉成就等。而在中国大陆上市公司年报中,尽管中国证监会在相关准则中提出"公司可以在年度报告正文前刊载宣传本公司的照片、图表"以及"公司编制年度报告时可以图文并茂,采用柱状图、饼状图等统计图表,以及必要的产品、服务和业务活动图片进行辅助说明",但在披露实践中,仍然少见图片等视觉元素,主要还是财务信息和语言信息。此外,在会计领域,由于以前实验方法和技术的限制,很少有研究探讨年报不同类型的信息与注意力、情感体验以及决策判断之间的关系。因此,公司年报中的财务信息、语言信息及视觉信息的共同作用对投资者的注意力分配、情感体验以及最终的判断决策产生影响。

本书全面系统地梳理了有关上市公司年报非财务信息披露的研究现状和披露现

状,利用文本分析、档案数据实证分析、行为学实验法、内隐联想测验法、眼动追踪技术等,研究了信用信息披露质量对资本成本的影响、可读性对投资者投资意愿与行为的影响、视觉图像的披露对投资者的注意力分配和行为意愿的具体影响及对投资者决策行为产生影响的作用路径,并对企业披露策略实践、政府监管政策实践及投资者投资实践提出了有关提升非财务信息披露的质量和水平、提升年报的可读性和可视化程度、减少对语调的操纵行为等方面的建议。

本书的创新体现在如下几个方面:①基于人类情感启发式和视觉技能的视角研究年报中语言及视觉信息如何与财务信息共同作用于投资者的决策;②在研究内容上,尝试性地分析和检验公司年报中信用信息披露对债务和股权资本成本的影响,探究不同财务状况下年报文本信息的可读性对投资者决策行为的影响及作用路径;③在研究方法上,采用行为学实验法和内隐联想测验法、问卷调查法相结合的研究方法,推动会计研究方法创新。本书进一步丰富了有关年报非财务信息披露效应的研究,为企业、监管部门、投资者和债权人等利益相关者提供了可参考的见解,从而不断改进上市公司非财务信息披露的质量,发挥非财务信息的重要作用。

本书是研究团队多年来共同努力的合作结晶,是教育部人文社会科学研究规划基金一般项目"公司信用信息的披露特征及经济后果研究——基于年报文本分析的视角"(19YJA630020)的部分研究成果的体现,研究思路清晰,研究方法严谨,体现了理论分析、系统建模、实验设计、实证分析和问卷调查研究等多种方法的有机结合。

最后衷心地感谢研究团队的所有研究生成员为本书的出版所做出的努力和贡献,其中李沛怡参与了第1章、第2章和第3章的撰写,高鹤菲、吴美娟和肖琴参与了第4章的撰写,龙思和袁畅参与了第5章的撰写,刘千凤、欧一翔和付新宇负责文字格式方面的校对。

高锦萍
2024年4月29日于北京

目　　录

第 1 章　绪论 … 1

1.1　研究背景与意义 … 1
1.1.1　研究背景 … 1
1.1.2　研究意义 … 4

1.2　研究内容和框架 … 5
1.2.1　研究内容 … 5
1.2.2　研究框架 … 6

1.3　研究方法和路线 … 7
1.3.1　研究方法 … 7
1.3.2　技术路线 … 8

1.4　研究特色 … 9

1.5　本章小结 … 10

第 2 章　文献综述与理论基础 … 11

2.1　文献综述 … 11
2.1.1　非财务信息披露的内容与形式研究 … 11
2.1.2　非财务信息披露的动机研究 … 17
2.1.3　非财务信息披露的影响因素 … 19
2.1.4　非财务信息披露的经济后果——基于语言转向信息视角 … 24
2.1.5　非财务信息披露的经济后果——基于视觉转向信息视角 … 29
2.1.6　非财务信息披露质量的衡量 … 31
2.1.7　文献述评 … 36

2.2 理论基础 ·········· 37
2.2.1 信息不对称理论 ·········· 37
2.2.2 委托代理理论 ·········· 38
2.2.3 信号传递理论 ·········· 38
2.2.4 信誉机制理论 ·········· 39
2.2.5 双重态度模型理论 ·········· 40
2.2.6 双加工理论 ·········· 40
2.3 本章小结 ·········· 41

第3章 公司年报非财务信息披露现状研究 ·········· 42
3.1 非财务信息披露的语言转向和视觉转向 ·········· 42
3.2 基于语言转向的非财务信息披露现状 ·········· 43
3.2.1 上市公司环境信息披露 ·········· 44
3.2.2 上市公司社会责任信息披露 ·········· 53
3.2.3 上市公司ESG信息披露 ·········· 59
3.2.4 管理层讨论与分析 ·········· 62
3.2.5 信用信息披露 ·········· 66
3.2.6 其他披露内容 ·········· 70
3.3 基于视觉转向视角的信息披露现状 ·········· 71
3.3.1 上市公司信息披露视觉转向的演进过程 ·········· 71
3.3.2 上市公司年报中的视觉元素 ·········· 71
3.3.3 上市公司年报中视觉信息的披露 ·········· 73
3.4 非财务信息披露现状中存在的问题分析 ·········· 73
3.5 本章小结 ·········· 75

第4章 公司年报中语言转向信息披露的效应研究 ·········· 76
4.1 语言转向信息披露效应 ·········· 76
4.1.1 非财务信息披露质量的效应 ·········· 76
4.1.2 非财务信息披露语言特征的效应 ·········· 78
4.2 公司年报信用信息披露质量对债务资本成本的影响 ·········· 79

4.2.1　理论模型建立 ………………………………………… 80
　　4.2.2　研究设计 ……………………………………………… 82
　　4.2.3　实证结果分析 ………………………………………… 86
　　4.2.4　结论 …………………………………………………… 93
4.3　公司年报信用信息披露质量对股权资本成本的影响 ………… 93
　　4.3.1　理论模型 ……………………………………………… 94
　　4.3.2　研究设计 ……………………………………………… 95
　　4.3.3　实证分析结果 ………………………………………… 97
　　4.3.4　结论 ……………………………………………………102
4.4　非财务信息披露可读性的效应 …………………………………103
　　4.4.1　研究背景 ………………………………………………103
　　4.4.2　理论模型 ………………………………………………104
　　4.4.3　实验设计 ………………………………………………108
　　4.4.4　实证检验 ………………………………………………114
　　4.4.5　结论 ……………………………………………………123
4.5　本章小结 …………………………………………………………124

第5章　公司年报中视觉转向信息披露效应——基于公司高管图片披露视角 … 126

5.1　视觉转向信息披露效应 …………………………………………126
5.2　高管照片植入公司年报对投资者注意力及行为意愿的影响 …127
　　5.2.1　研究背景 ………………………………………………127
　　5.2.2　理论模型建立 …………………………………………128
　　5.2.3　研究设计 ………………………………………………131
　　5.2.4　数据分析 ………………………………………………135
　　5.2.5　结论 ……………………………………………………148
5.3　年报视觉信息披露对投资行为的影响及其路径 ………………149
　　5.3.1　理论模型建立 …………………………………………149
　　5.3.2　实验设计 ………………………………………………151
　　5.3.3　实证检验 ………………………………………………156
　　5.3.4　结论 ……………………………………………………166

  5.4 本章小结 ··· 166

第6章 公司年报非财务信息披露的策略 ································ 168

  6.1 基于企业的视角 ··· 168
    6.1.1 完善披露内容,履行企业责任 ························· 168
    6.1.2 规范可读性和语调,提升年报信息效用 ············· 170
    6.1.3 重视视觉信息披露,提高信息传递效率 ············· 171
  6.2 基于监管机构的视角 ·· 171
    6.2.1 建立和完善信息披露制度和监督体系 ··············· 171
    6.2.2 鼓励信息披露形式多元化 ······························ 172
  6.3 基于投资者的视角 ·· 173
    6.3.1 完善投资理念,降低投资风险 ························· 173
    6.3.2 增强信息解读能力,做出最佳投资决策 ············· 174
  6.4 本章小结 ··· 174

第7章 结论与展望 ··· 175

参考文献 ··· 177

第1章 绪　　论

1.1　研究背景与意义

1.1.1　研究背景

年报是上市公司信息披露制度的核心,是以一个会计年度为周期,全面反映报告期内公司的生产经营概况、财务状况、价值理念以及管理智慧等重要信息,帮助投资者等信息需求者了解公司基本情况并做出正确决策的报告。截至目前,我国上市公司的年度报告已有三十多年的历史,1991年6月在上海证券交易所上市的八只股票联合公布于《上海证券报》的《1990年经营状况说明书》中,开创了我国上市公司年报披露的先河。随后,为了规范我国上市公司的年报信息披露,中国证监会于1994年1月印发了《公开发行股票公司信息披露的内容与格式准则第二号〈年度报告的内容与格式〉》(以下简称《准则》),以规范上市公司年报信息披露的格式和内容,并在此后的二十多年间多次修订《准则》,不断完善年报信息披露的格式与内容。在格式方面,基本上按照层级格式来安排,1999年之前,为"一、(一)、1、……"的层级格式,2001年后,逐渐按照章、节、条的层级格式来安排。在内容方面,《准则》规定的年报内容大致包括总则、年度报告正文、年度报告摘要、附则四个部分,其中,年度报告正文和年度报告摘要是核心内容。在这二十多年间十余次的修订中,修改幅度较大的年份分别为2001年、2012年和2021年,致使年度报告的内容经历了四个阶段的演进。

① 1994—2000年,该阶段我国上市公司年报正文的主要内容包括公司简介、会计数据和业务数据摘要、股本变动及股东情况介绍、股东大会简介、董事会报告、监事

会报告、业务报告摘要、重大事件、财务报告和其他有关资料十项；年度报告摘要包括公司简况、会计数据和业务数据摘要、股本变动及股东情况介绍、募集资金使用情况、重要事项、财务报告和其他事项七个部分。

② 2001—2011年，该阶段在第一阶段的基础上进一步丰富了年报的内容，在年度报告正文中增加了"董事、监事、高级管理人员及员工情况"和"公司治理结构"两项内容，在年度报告摘要中增加了"重要提示"和"董事、监事、高级管理人员及员工情况"两项内容。

③ 2012—2020年，该阶段在前期的基础上对具体的披露项目有所调整，在年度报告正文中，2012年和2014年分别增加了"内部控制"和"优先股相关情况"两项内容，并删减了之前存在的"股东大会简介"和"监事会报告"，2014年起，"董事会报告"改为"经营情况讨论与分析"，同时删减了"内部控制"，2016年增加了"公司债券相关情况"。

④ 2021年至今，年度报告正文包括九个部分，相较于前期，增加了"环境和社会责任"，删减了"公司业务概要"、"董事、监事、高级管理人员和员工情况"和"其他有关资料"三项内容，将"经营情况讨论与分析"改为"管理层讨论与分析"；年度报告摘要由三个部分组成——重要提示、公司基本情况、重要事项，相较于2017年修订版，删减了"经营情况讨论与分析"，并增加了"重要事项"。具体内容演变详见表1-1。

表1-1 我国上市公司年报披露内容发展历程

阶段	年度报告正文内容	年度报告摘要内容
第一阶段：1994—2000年	①公司简介；②会计数据和业务数据摘要；③股本变动及股东情况介绍；④股东大会简介；⑤董事会报告；⑥监事会报告；⑦业务报告摘要；⑧重大事件；⑨财务报告；⑩其他有关资料	①公司简况；②会计数据和业务数据摘要；③股本变动及股东情况介绍；④募集资金使用情况；⑤重要事项；⑥财务报告；⑦其他事项
第二阶段：2001—2011年	①公司简介；②会计数据和业务数据摘要；③股本变动及股东情况介绍；④股东大会简介；⑤董事、监事、高级管理人员及员工情况；⑥公司治理结构；⑦董事会报告；⑧监事会报告；⑨业务报告摘要；⑩重大事件；⑪财务报告；⑫其他有关资料	①公司简况；②会计数据和业务数据摘要；③股本变动及股东情况介绍；④募集资金使用情况；⑤重要事项；⑥重要提示；⑦董事、监事、高级管理人员及员工情况；⑧财务报告；⑨其他事项

续表

阶段	年度报告正文内容	年度报告摘要内容
第三阶段：2012—2020年	①公司简介；②公司业务概要；③经营情况讨论与分析；④重要事项；⑤普通股股份变动及股东情况；⑥优先股相关情况；⑦董事、监事、高级管理人员及员工情况；⑧公司治理；⑨公司债券相关情况；⑩财务报告；⑪备查文件目录	①重要提示；②公司基本情况；③经营情况讨论与分析
第四阶段：2021年至今	①公司简介；②管理层讨论与分析；③公司治理；④环境和社会责任；⑤重要事项；⑥股份变动及股东情况；⑦优先股相关情况；⑧公司债券相关情况；⑨财务报告	①重要提示；②公司基本情况；③重要事项

从我国上市公司年报内容的发展历程来看，无论是哪个阶段，年报都可以大致分为财务信息和非财务信息两个部分，且非财务信息的篇幅要远远多于财务信息，可见，我国上市公司年报非财务信息披露蕴含了丰富的内容。近年来，年报非财务信息披露以其丰富的内容和多样化的形式在企业年报信息披露中占据着越来越重要的位置，并引起了学术界的广泛关注。年报中的非财务信息被定义为"非财务的、软的、定性的、令人印象深刻的"，可以对财务信息进行有益补充，降低企业与其利益相关者之间的信息不对称程度，帮助投资者预测公司的未来业绩和风险以及了解公司管理层的敏锐程度和行为特征，提高决策有效性。在非财务信息披露的内容方面，我国上市公司年报中披露的非财务信息包含环境、社会责任、公司治理、管理理念等方面的信息，且关于信用状况的披露近年来越发受到重视。在披露形式方面，我国上市公司年报的非财务信息披露呈现出"语言转向"和"视觉转向"的特征，即年报非财务信息披露主要包含以文字为载体的语言信息和以图像为载体的视觉信息。其中，有叙述功能的语言信息具有丰富的潜在象征意义，能够反映公司管理层的意识形态和战略思考，帮助信息使用者预测公司未来的财务业绩和破产风险，因而逐渐成为企业信息披露中更为重要的存在，也增强了研究学者对该领域的关注；以图像为主要表现形式的视觉信息以直观、富有吸引力等特点帮助公司塑造专业、正直和全面的形象，增强文本信息的效用，相关部门也鼓励上市公司在年报中披露高管照片等视觉图像信息，然而我国上海证券交易所和深圳证券交易所真正践行视觉信息披露的公司却十分罕见。随着大数据时代信息量呈爆炸式增长，如何从海量信息中抽取有价值的资源并将其有效地传递给信息使用者，成为信息发布者的新命题，企业可以通过把握文本信息的可读性和语调等语言特

征以及提升非财务信息的可视化程度来提高信息传递的效率,影响信息使用者的判断和选择。

目前有关上市公司年报非财务信息披露的研究多集中于对环境信息、社会责任信息、公司治理信息以及管理层讨论与分析的可读性和语调等的经济后果和影响因素的研究,有关年报中的信用信息披露以及年报中披露视觉图像信息的影响等方面的研究则较为缺乏,且已有研究多针对某一个或某几个方面,缺乏较为全面的研究。

基于上述实践背景和理论背景,本书的研究较为全面地总结了上市公司年报非财务信息披露的研究现状和披露现状,并重点关注了年报中的信用信息披露、年报文本信息的可读性以及高管照片等视觉信息的披露,探究了信用信息披露对债券资本成本和股权资本成本的影响,运用行为学实验的方法分析了语言元素和视觉元素具体特征对投资者感知及决策的提升和引导作用。

1.1.2 研究意义

本书的研究以上市公司非财务信息披露的现状和经济后果为主线,探索公司年报信息披露的语言转向和视觉转向及其特征的影响,对企业披露策略实践、政府监管政策实践、投资者投资实践以及相关理论的发展都有十分重要的意义。

(1) 理论意义

第一,较为全面地归纳并梳理了目前国内外有关上市公司年报非财务信息披露的研究以及国内上市公司的披露现状;第二,丰富了有关年报非财务信息披露效应的研究,包括构建信用信息评价指数来检验上市公司年报信用信息披露质量对企业的债务资本成本和股权资本成本的影响,研究语言信息和视觉信息的特征(语言特征:可读性。视觉特征:人力资本图片的信任感和吸引力)对投资者注意力、感性系统、理性系统以及价值评估的影响,为探究会计信息呈报格式与披露形式如何对投资者的判断和选择产生影响这一问题提供了证据;第三,采用行为学实验、眼动追踪技术等相结合的研究方法,拓展了传统会计学的研究范式,推动了会计研究领域的方法创新。

(2) 实践意义

第一,企业角度:本书的研究通过总结企业披露现状,探究信用信息披露、可读性和高管照片的经济后果,为大陆公司年报披露改进提供了参考依据。第二,监管部门角度:通过研究发现,我国目前对年报中相关领域的监管仍较为薄弱,本书的研究将对政府及监管部门合理制定上市公司信息披露标准和相关法规政策提供依据。第三,投资者角度:投资者并非完全理性的,"框架效应"便指出即使是同一信息以不同形式进行表征也会导致不同的决策。本书的研究将帮助投资者理解语言信息及视觉信息的作用机制,优化投资者对年报信息的加工和处理方式,以期获得更多的决策有用信息。

1.2 研究内容和框架

1.2.1 研究内容

本书的研究在梳理国内外有关上市公司年报非财务信息披露的研究的基础上,以年报非财务信息的语言转向和视觉转向为研究重点,探究了我国上市公司年报中语言信息和视觉信息的披露现状和披露效应,并重点讨论了语言信息披露的重要内容——信用信息披露、语言信息的关键特征可读性、高管照片这种视觉信息的披露现状及其对企业自身或投资者的影响。具体来说,本书研究的重点内容聚焦在以下几个方面。

一、上市公司年报非财务信息披露的研究现状

该部分梳理了目前国内外有关上市公司年报非财务信息披露的研究,包括非财务信息披露内容的界定、披露形式的划分、披露的内外部动机及影响因素、披露的经济后果、披露的质量和语言特征的度量方式等,由此明确了目前有关该领域的研究进展以及尚存在研究空白的内容。

二、上市公司年报非财务信息披露的现状

该部分通过搜集相应的数据,归纳并总结了以下几个方面的披露现状:上市公司年报中环境信息、社会责任信息、ESG(Environmental,Social,Governance)信息等非财务信息的相关政策要求,近几年的披露数量及趋势,披露的具体内容,管理层讨论与分析的可读性和语调,信用信息披露的指数构建,披露水平及行业和产权性质分布,年报视觉信息。通过对企业披露现状的梳理,可以明确企业非财务信息披露实践改进的方向。

三、上市公司年报中语言转向的信息披露效应

该部分首先借助此前对文献的梳理,阐述了上市公司年报非财务信息披露质量对资本成本、企业价值、资本市场定价效率和财务后果的影响,以及文本信息的语言特征对公司绩效和投资者决策的影响,然后着重探究了信用信息披露对债务资本成本和股权资本成本的影响,并借助于行为学实验的方法分析了可读性对投资者投资意愿和行为决策的影响,从而进一步丰富了对信用信息披露和可读性的研究。

四、上市公司年报中视觉转向的信息披露效应

该部分重点关注高管照片对投资者投资决策的影响。利用行为学实验模拟真实的投资情景,利用眼动追踪技术测量投资决策过程中的注意力分配,并结合问卷调研法测量投资者的行为意愿,探究年报中高管照片这一视觉图像的披露对投资者的注意力分配和行为意愿的具体影响及对投资者行为影响的作用路径。

五、公司年报非财务信息披露的策略

结合年报非财务信息披露的现状和重要作用,以及信息迅速增长和竞争日益激烈的背景,该部分对企业、监管机构和投资者三方提出了有关提升非财务信息披露的质量和水平、提升年报的可读性和可视化程度、减少对语调的操纵行为等方面的策略,以期通过各方主体的努力,来改进上市公司非财务信息披露的现状,发挥非财务信息的重要作用。

1.2.2 研究框架

本书的研究内容框架如图 1-1 所示。

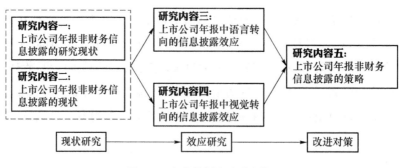

图 1-1 本书的研究内容框架

1.3 研究方法和路线

1.3.1 研究方法

本书主要采用了文献研究法、回归分析法、行为学实验法、内隐联想测验法、问卷调研法、眼动实验法和专家访谈法等进行研究。

(1) 文献研究法

文献作为科研的基础,对国内外的相关文献进行阅读、梳理与总结必不可少。在本书的研究中,文献研究主要包括完成以下各方面的文献阅读与整理工作:上市公司年报非财务信息披露内容和形式的研究现状、披露的动机和影响因素的研究、披露非财务信息的经济后果相关研究、已有研究对于非财务信息披露质量和语言特征的度量方式。已有的文献与研究成果不仅为本书提供了坚实的理论基础,同时在技术路线、研究方法上也起到了重要的借鉴与启示作用。

(2) 回归分析法

在研究信用信息披露质量对债权资本成本和股权资本成本的影响时,本书主要运用了回归分析法,利用数据统计原理,对大量统计数据进行数学处理,结合所建立的回归模型确定因变量债权资本成本/股权资本成本与自变量信用信息披露质量的相关关系。

(3) 行为学实验法

行为学实验法是指有目的地控制一定的条件或创设一定的情境,以引起实验对象的某些心理活动进行研究的一种方法。本书设计了3个行为学实验,分别从不同角度探究年报中语言信息的可读性和视觉信息对投资者判断和决策的作用。实验一是通过模拟真实的投资场景,在实验对象完成不同可读性年报材料的阅读工作后,对其内隐态度、外显态度、最终决策行为、情感体验及信任感知进行测量,以此探查公司年报可读性对投资者投资意愿内隐态度、外显态度、行为决策的影响及作用路径。实验二是模拟真实投资情境,设计实验范式和实验流程,研究年报中高管照片的植入对投资者注意力的影响,分析比较植入高管照片和不植入高管照片两种情况下投资者的投资意愿、向他人推荐的意愿以及自我愿意投资的金额是否有显著差异。实验三采用3(三种盈余状况)×2(两种不同信任感面孔)的混合多因素交叉实验,探究不同财务状况下视觉信息对投资者决策的混合影响,并考察其中的差异及其产生的原因。

(4) 内隐联想测验法

在情景模拟实验研究过程中,通过 inquisit 5.0 对投资者的投资意愿进行内隐联想测验,测量投资者面对不同可读性年报时投资意愿的内隐态度。

(5) 问卷调研法

在情景模拟实验研究过程中结合问卷量表进行调研,在实验一中对投资者面对不同可读性年报时的投资意愿外显态度、情感体验、信任感知进行测度,从而获得所需的各项数据;在实验二中结合里克特量表设计相关问题来直接测量投资者的行为意愿并收集投资者的个人信息,为数据分析和假设检验提供原始数据支持;在实验三中运用问卷量表调研,对不同信任感面孔激发出的情感体验和信任感知进行评价。

(6) 眼动实验法

眼动追踪技术是当代心理学研究的重要技术,广泛运用于实验心理学研究。眼动仪提供的可视化工具(如热区图、兴趣图)使可视化技术能够成为传统研究方法的重要补充,挖掘出投资者在阅读年报时的信息获取和加工的眼动数据,从用户潜意识行为和视觉信息加工的角度对投资者的决策行为进行深入研究。在研究年报中高管照片的植入对投资者的注意力和行为意愿的影响时,利用眼动追踪技术记录投资者的眼动数据,记录有无植入高管照片两种情况下投资者对不同内容的注意力差异,为后续分析不同分组情况下投资者的注意力分配差异,以及其与行为意愿之间的关系提供数据来源。

(7) 专家访谈法

在研究不同财务状况下高管照片这一视觉信息对投资者决策的影响时,为了保证实验设计的严谨、干净、可行,作者在前期咨询了众多专家,并对实验材料和实验设计进行了反复修改调整与可行性论证,且在评估材料和量表的设计过程中,与专家积极进行讨论修改,最终确定了适合该部分研究内容的量表结构和相关题项。

1.3.2 技术路线

本书的技术路线图如图1-2所示。

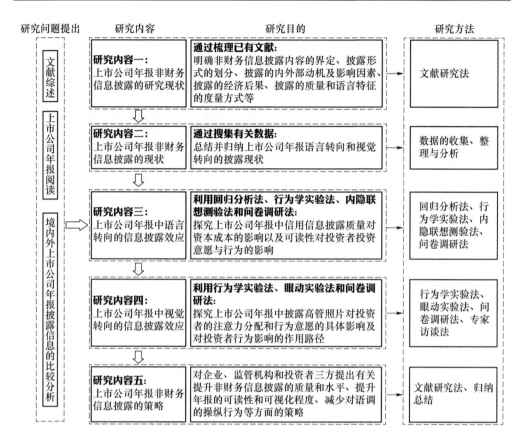

图 1-2 本书的技术路线图

1.4 研究特色

(1) 研究主题创新

公司年报财务信息的决策有用观受到广泛认可,长期以来人们重点关注财务报表中的数据信息。然而随着公司年报信息内容的丰富化和形式的多样化,探究年报中海量文本信息的增量效应,利用人类的情感启发式和强大的视觉技能来研究年报中语言信息和视觉信息如何与财务信息共同作用于投资者的价值判断和投资意愿,是一个有意义的、值得探索的新课题。

(2) 研究内容丰富

通过梳理已有研究和企业披露现状,聚焦于公司年报中语言转向和视觉转向的效应这一关键问题,弥补以往会计领域对于信用信息披露的经济后果以及可读性和高管照片对投资者情感体验、理性评估和投资意愿的影响等问题的研究不足,丰富并拓展公司年报非财务信息增量效应的理论研究的同时也有助于公司信息披露的发展。本书体现了以下特色创新:①研究了公司年报中信用信息披露对债务资本成本和股权资本成本的影响;②探究了不同财务状况下年报文本信息的可读性对投资者态度和决策行为的影响及作用路径;③探索了公司年报中高管照片对投资者决策的影响。

(3) 研究方法新颖

①通过行为学实验法和内隐联想测验法、问卷调研法相结合的研究方法,从不同角度探究了年报中语言信息和视觉信息的特征对投资者判断和决策的作用,拓展了传统会计学的研究范式,推动了会计研究领域的方法创新。②利用眼动追踪技术,捕获实验中实验对象真实的注意力分配,这种方法能简化实验设计和优化个体观察的逻辑流程,测量投资者的注意力分配。

1.5 本章小结

本书基于信息迅速增长、公司年报"语言转向"和"视觉转向"的背景以及目前该领域研究存在的不足,较为全面系统地梳理了有关上市公司年报非财务信息披露的研究现状和披露现状,并利用回归分析法以及创新性的行为学实验法、内隐联想测验法、眼动实验法等方法重点研究了信用信息披露质量对资本成本的影响、可读性对投资者投资意愿与行为的影响,视觉图像的披露对投资者的注意力分配和行为意愿的具体影响及对投资者行为影响的作用路径,以期促进相关理论的发展并对企业披露策略实践、政府监管政策实践及投资者投资实践提出改进建议。

第 2 章　文献综述与理论基础

　　信息化时代,经济迅猛发展、科技日新月异,各行各业都涌现出大量的企业,市场总体上趋于饱和。蛋糕是有限的,企业为了获得更多资源,在激烈的市场竞争之中占得一席之地,不仅要依靠先进的技术、卓越的人才,更需要在承担社会责任、加强公司治理等方面取得成效,从而披露更多高质量的非财务信息,向利益相关者传递公司的竞争力、价值、文化理念以及社会责任等方面的重要信息,为交易营造合适的信息环境。本章梳理了近年来有关非财务信息披露的文献,以及阐述并分析了相关理论基础,以为后续研究提供文献和理论支持。

2.1　文献综述

　　本节从非财务信息披露的内容与形式研究、披露的内外动机和影响因素、披露的经济后果以及对披露质量的衡量五个方面,对非财务信息披露的相关问题进行归纳、分析、总结和评述。

2.1.1　非财务信息披露的内容与形式研究

　　信息是提升企业管理层决策有用性的重要依据,是企业的利益相关者了解公司运营发展情况的工具,也是企业树立良好形象、改善企业绩效、提升公司价值的有力武器。因此,对企业来说,披露适当的信息、提升公司的信息透明度、营造良好的信息环境,以满足信息使用者的需求是至关重要的。而企业的信息又囊括了财务信息和非财务信息两大类,以往企业更加注重财务信息的披露,学术研究也多集中于此。但近年来,随着经济的发展、社会的前进,对企业信息的需求已经不再局限于财务信息,对于企业信息披露的研究与实践也更多地向非财务信息靠拢,其在企业信息披露中的比重不断上升,内涵也持续丰富化。非财务信息作为财务信息的有益补充,能够向利益相关者揭示更多的公司特质信息,反过来还能对财务信息产生一定的"倒逼"效应,提升财务信息披露质量[1]。非财务信息披露的主要内容包括企业的环境责任履行情况、社会责任履行情况、战略管理与资源配置、前瞻性信息、公司内外部治理情况以及企业信用信息等,现有研究也多集中于这几个方面。此外,语言或视觉等信息披露形式的选择也会对披露效果产生影响。

一、非财务信息披露的内容

1. 环境信息披露

企业在运营过程中,需要承担保护生态环境的责任,而对环境信息的披露是展现企业环境保护责任履行情况的重要途径,其主要报告企业在生产运作过程中履行环境保护责任的基本情况、碳排放量及排放设施、对污染物的排放与治理、对环境问题所做的应急策略、有关生态环境的违法违规情况等方面的信息,并要求重点排污企业、实施强制性清洁生产审核的企业依法披露其环境信息[2-4]。学术界对于环境信息披露的研究颇多,关于碳信息披露的研究更是层出不穷,碳信息披露向信息需求者展现了企业碳管理活动的投入情况,如碳排放量及排放设施、有关碳减排的技术开发、碳资产、碳减排设备的购入等,通过披露这些信息,企业可以展示其环境保护责任的履行情况,从而树立良好的企业形象,在一定程度上有利于企业价值的提升[5-7]。

2. 社会责任信息披露

除环境保护之外,企业作为社会生产的基本单位,还需要承担更多的社会责任。2007年12月,《关于中央企业履行社会责任的指导意见》出台,国家鼓励企业披露社会责任信息,中国上市企业积极响应号召,十余年间,社会责任信息披露的企业数量逐年增长,RKS(Rankins CSR Ratings,润灵环球责任评级)报告的企业社会责任信息披露评级得分从2009年的29.5上升到2018年的42.5[8],2020年,润灵环球发布了《润灵ESG评级(RKS ESG Ratings)评级标准更新》文件,在沿用RKS系列一"润灵CSR报告评级"的基础上,参考了国内外主流的ESG评级体系,自主研发了RKS系列二,即"润灵ESG评级(RKS ESG Ratings)"的评估标准和工具,该标准采用了国际信用评级常用的分级方法,将评级结果由高到低分为AAA、AA、A、BBB、BB、B、CCC七个等级。按照新的评估标准,对2019—2021年所有中证CSI800成分股的公司所发布的年报、CSR报告以及公司章程等所披露的信息进行评估。根据2019—2021年连续三年的评估结果来看,获评CCC级和B级的企业逐年减少,获评BB级及以上的企业逐年增多,可见社会责任信息披露的发展也渐趋成熟。作为非财务信息披露重要部分的社会责任信息披露,主要是向消费者、投资者等信息需求者揭示企业的社会责任履行情况,以提升企业形象,促进企业可持续发展[8-9]。

3. 战略信息披露

在企业的可持续发展过程中,企业需要履行各种社会责任,同时也需要做好战略管理。有关企业当前和未来的发展战略,如竞争战略、创新战略、资源分配等,以及战略的制定、执行和评估,属于战略管理信息的披露内容[10],本质上是定性的和主观的,且企业可以选择披露或保留战略的具体实施细节,因而其具有异质性,可能出现在公司正式的年报中,也可能在与媒体或分析师的沟通中有所体现[11]。当前,企业管理者对战略信息的披露越发重视,战略信息披露的质量也在稳步提升,因为适当的战略信息披露可以提升信息透明度,有助于投资者预测公司未来的价值,从而降低信用风险[10]。

4. 管理层讨论与分析

管理层讨论与分析是对财务信息必要的、不可或缺的有益补充,企业管理层对公司的财务信息进行分析与解读,向投资者传递增量信息,不仅展示了公司当前的经营状况,还披露了有关公司未来发展前景的前瞻性信息,可帮助投资者预测企业未来的财务绩效和风险,提高投资决策效率。管理层讨论与分析的内容包括关于未来经营和计划资本支出的讨论信息、前瞻性信息等方面。企业管理层通过对公司财务数据的分析和解读,可以向信息需求者揭示公司的经营状况和未来的发展前景,帮助投资者预测公司未来的绩效,从而使投资者能够做出正确的决策[12]。在我国资本市场全面开放的潮流中,上市公司的信息披露应当更加注重长期性和前瞻性[13]。

5. ESG 信息披露

近年来,ESG 信息在我国企业中兴起,2018 年修订的《上市公司治理准则》建立了我国 ESG 信息披露的基本框架,ESG 信息将企业在环境(environment)、社会(social)和治理(governance)三方面的表现全部纳入评价体系[14],环境主要关注企业的生产经营活动对于生态环境的影响,社会涉及企业与其利益相关者之间的博弈与协调,治理主要关注公司内部治理机制。在"十四五"规划提出了"推动绿色发展,促进人与自然和谐共生"的远景目标,以及 2030 年实现碳达峰和 2060 年实现碳中和的目标背景下,我国企业在"创新、协调、绿色、开放、共享"的新发展理念指引下,更加重视 ESG 信息的披露,力求在环境、社会、治理等方面最大化地创造价值[15]。

6. 信用信息披露

随着信息技术和数字经济的发展以及国家和社会对于信息保护的重视,信用信息和数据的重要性越发凸显,近年来企业信用信息的披露逐渐被企业和研究学者们所关注。信用是信任的"凭证与依据"[16],是反映企业在交易过程中守信情况的综合信息[17],对于企业来说,信用信息主要包括注册信息、经营范围、组织结构等基本信息,财务状况、信贷交易等信用信息,以及诉讼记录、欠税情况等其他公共信息,可通过这些信息向利益相关者传递企业的守信能力、守信意愿和守信表现,以获取对方的信任。现有研究对信用信息披露质量的评价涉及多个方面,Barron和Staten于2003年从未偿还债务和正偿还债务的类型、信贷时长、新申请的信贷、逾期拖欠破产等方面来评价企业的信用信息披露质量[18]。潘滕杰和梁艺榕于2017年认为信用信息披露质量可以从其披露的广度和深度两个方面进行衡量,其中,披露广度是指征信机构登记的范围,披露深度则考察企业披露的信用信息是否含有正面和负面的信息、企业和个人的信息、披露机构类型、披露试产、披露标准等多个方面。薛湉于2016年从博弈论出发,从信息的真实度、完整性、及时性三个维度分析信用信息披露的透明度[20]。对企业来说,应当及时披露与交易相关的信用信息,企业披露信用信息的数量越多、披露的内容越充分,信用机制越稳固,交易效率越高[16],同时信用信息的充分披露可以树立企业诚信经营的形象,提高企业声誉,从而吸引更多的投资者,增强竞争优势[21]。在市场竞争越发激烈的背景下,为了稳固市场中的交易关系,获得更多资源,企业需要提高信息透明度,披露更多、更详尽的信用信息。

二、非财务信息披露的形式

企业披露社会责任、公司治理、战略管理等方面的信息,能够有效缓解信息不对称程度,满足利益相关者的信息需求。而在企业披露非财务信息的过程中,披露形式可能会对信息使用者产生不同程度的影响。通过梳理相关研究发现,企业披露非财务信息的主要形式有语言信息和视觉信息两大类,具体包括文字、数据、可视化图表、人物照片(以高管照片为主)等。

1. 语言信息

在上市公司年报中,以文字语言为载体的文本信息成为主要的信息披露形式,这种趋势被称为语言转向,即在年报中起到叙述功能的语言信息逐渐成为企业信息披露中更为重要的存在。语言转向关注语言元素的内容和特征,其中,语言元素的内容包括上述的环境保护、社会责任、经营情况讨论与分析、公司治理结构、企业信用表现等方面,语言元素的特征主要聚焦在文本可读性和情感倾向(语调)两个方面,语言元素及其特征能够在很大程度上影响投资者对企业的感知,进而影响投资决策和企业发展。

2. 视觉信息

非财务信息披露的视觉形式则主要包括可视化图表、高管照片等内容,其对于文本信息具有很好的辅助作用,能增强语言形式信息的效用[22-23]。随着信息可视化和可读性要求的提高,视觉图像的优势越发凸显。相较于语言信息,视觉图像虽难以量化,但却能够以一种更加直观、更具吸引力的方式向利益相关者传递企业信息[24]。然而,在目前企业的信息披露以及学术界的相关研究中,有关视觉图像的披露与研究较为缺乏,且由于其难以量化的特点,研究方法也多集中于行为学实验、认知神经科学等[21]。尽管目前国内在企业年报中对于视觉形式的非财务信息披露较少,相关研究也并不丰富,但不可否认,视觉图像的披露在企业发展过程中的作用是不可或缺的。

三、小结

综上,非财务信息披露内容和形式方面的主要研究观点及代表性文献总结如表 2-1 所示,通过梳理可以发现如下几点。

① 已有研究多关注非财务信息披露整体或者环境信息披露、社会责任信息披露等其中一个方面。

② 非财务信息的披露内容除环境信息、社会责任信息、战略信息、前瞻性信息、公司治理、信用信息外,可能还包括企业机构设置、管理层及股东的信息等,但对这些方面少有文献进行专门的研究。

③ 现有关于环境信息披露的研究十分丰富,我国近年来也很重视碳排放的相关问题,提出了碳达峰和碳中和的远景目标,由环境信息披露延伸出的碳信息披露的相关研究也日益增多。

④ 国内外对于非财务信息披露的研究进展不同,近年来我国越发重视 ESG 信息披露,国家出台了相应的政策,润灵环球责任评级的标准也由原来的 CSR 变成了现如今的 ESG,针对该方面的研究也越发增多,企业和学者们都更多地从环境、社会、治理三个方面综合考虑企业的信息披露情况。

⑤ 随着信息技术的发展,信息安全的问题越来越受到公众的关注,同时,为了提升信息透明度,防范因企业失信带来的风险,信用信息披露近些年来颇受国家、企业和学术界的重视,但现阶段国内外关于信用信息披露的研究较为缺乏,需要进一步加快

相关内容的研究进程。

⑥ 目前对于非财务信息披露的研究多集中于文字、数据等语言形式，对可视化图表、高管照片、业务图片、战略地图等视觉图像的研究亟待完善。

表 2-1　非财务信息披露的内容梳理

非财务信息披露的内容	主要观点或内容	代表性文献
环境信息	主要报告企业的环境保护责任履行情况	Mo 等，2022 Jia 等，2021 张慧明等，2022
	碳信息披露：展现了企业碳管理活动的投入情况，如碳排放量及排放设施、碳减排的技术开发等	宋晓华等，2019 Cao 等，2022 谢宜章等，2022
社会责任信息	向消费者、投资者等信息需求者揭示企业的社会责任履行情况	Zhang 等，2020 Hu 等，2020
战略信息	主要披露有关企业当前和未来的发展战略，如竞争战略、创新战略、资源分配等，以及战略的制定、执行和评估。本质上是定性的和主观的，且具有异质性	蔡显军等，2022 Thakor，2015
管理层讨论与分析	企业管理层通过对公司财务数据的分析和解读，向信息需求者揭示公司的经营状况和未来的发展前景，帮助投资者预测公司未来绩效	李子健等，2022 张俊瑞等，2022
ESG 信息	将企业在环境、社会、和治理三方面的表现全部纳入评价体系，环境主要关注企业的生产经营活动对于生态环境的影响，社会涉及企业与其利益相关者之间的博弈与协调，治理主要关注公司内部治理机制	袁蓉丽等，2022 Amel-Zadeh 等，2017
信用信息	反映企业在交易过程中守信情况（守信的能力、意愿和表现）的综合信息，披露信用信息可以稳固交易机制、提高交易效率	章政等，2019 高锦萍等，2022
语言信息	年报中起到叙述功能的语言信息逐渐成为企业信息披露中更为重要的存在。语言转向关注语言元素的内容和特征，其中，语言元素的内容包括上述的环境保护、社会责任、经营情况讨论与分析、公司治理结构、企业信用表现等方面，语言元素的特征主要聚焦在文本可读性和情感倾向（语调）两个方面	高锦萍等，2020
视觉信息	视觉形式的信息主要包括与数据相关的可视化图表和高管照片等额外信息，其难以量化，因而目前对于视觉形式信息披露的研究方法主要运用的是行为学实验和认知神经科学等。但其更加直观、更具吸引力，能够增强文本信息的效用，并影响投资者对企业的价值判断、投资意愿等	Mouritsen 等，2001 Steenkamp 等，2007 Low 等，2012 高锦萍等，2020

2.1.2 非财务信息披露的动机研究

一、内在动力

企业加大对环境保护、社会责任履行情况、战略管理及资源配置、前瞻性信息等非财务信息的披露,展示公司的特质信息,提升企业信息透明度,并在一定程度上缓解融资约束,从而改善企业的资本结构等。基于此,企业选择披露非财务信息是具有内在动力的。Maama 等于 2020 年从代理理论、信号理论、利益相关者理论、合法性理论、制度理论等视角来分析企业披露非财务信息的动机问题[26],即企业进行非财务信息披露的动机包括降低代理成本、控制逆向选择和减少内部人控制[27]、缓解信息不对称程度[28]、缓解融资约束、改善资本结构[2],以及提升公司价值和企业形象[29]等。

具体来说,现代企业的所有权和经营权相分离,产生了委托代理问题,基于代理成本理论,在信息不对称的推波助澜下,股东无法完全了解经理人是否在为股东权益最大化而努力工作,为了解决这一问题,就产生了代理成本。此外,在信息缺失的情况下,投资者不能够全面地了解公司情况,所以企业与债权人之间也存在利益冲突,对于高风险投资项目,成则股东获益,败则债权人受损,因而加大了投资者做出投资决策的难度。已有研究从代理理论、信号理论和利益相关者理论来解释企业为何披露非财务信息,研究显示企业需要改善代理问题,防止管理层为追求个人利益而损害股东权益,同时企业还需要提升信息透明度,满足利益相关者的信息需求[26]。Zhang 等于 2020 年发现,披露非财务信息企业的托宾 Q 值和总资产增长率均低于未披露企业[8],而披露企业的资产负债率却远高于未披露企业[8]。这表明企业决策披露 CSR 绩效的最初动机可能是为了获得更多的外部融资,从而改善资本结构。因此,为了使各方利益相关者更好地了解到公司特质信息,提升信息透明度,改善代理问题和降低融资成本,改善企业的资本结构,企业会尽可能多地披露非财务信息。除却眼下的运营,企业也需要着眼于可持续发展,注重长期性和前瞻性,而非财务信息披露可以实现这个目的。还有研究指出,披露高质量信息所带来的良好形象和企业声誉能够促使企业积极提高非财务信息的披露质量[2]。故树立良好形象、提升企业价值,帮助投资者预测公司未来绩效,促进公司的长期稳定发展也是企业披露非财务信息的内在动力。

二、外在压力

非财务信息披露内容丰富、形式多样、使命艰巨,其发展不仅有内在因素的推动,也面临着许多外在压力。在选择是否披露非财务信息以及披露水平时,企业可能会受到外部监管的压力,这种压力可能来自政府政策及监管、公共媒体监督、行业压力和地区趋势等。

在政府政策与监管方面,诸如《关于中央企业履行社会责任的指导意见》《企业环境信息依法披露管理办法》《上市公司治理准则》等政策文件的出台,体现了国家和政府在不断完善非财务信息披露制度,与此同时,中央及地方政府也积极对企业的信息披露进行监管,为了响应国家政策、应对政府监管压力,企业会尽可能地提高非财务信息披露水平。此外,公共媒体的监督也是企业提升非财务信息披露质量的一大动力。公共媒体监督力度越大,企业的环境信息披露质量越高,这具体体现在报道数量的增加和负面报道对公司环境信息披露质量的提高作用上[3]。在公共媒体的高度关注下,为了树立良好的企业形象,减少媒体对企业的负面报道,企业会积极提高披露质量,对于重污染企业来说,其则会有选择性地披露其环境信息。

企业不仅处在政府和媒体的监督之下,还需要面临行业内、区域内其他企业披露信息的压力。当行业内或同一地区披露非财务信息的企业数量增多时,未披露企业可能会面临同构压力,相较于披露企业,未披露企业在获取资源和展开竞争时可能不具有优势。Dimaggio 和 Powell 于 1983 年认为,不披露信息的企业可能会面临强制同构压力、模仿同构压力和规范同构压力三种制度同构压力[30]。Maama 等于 2020 年对于企业披露非财务信息的动机提出了制度理论和合法性理论,认为企业需要获得社会的支持,维持合法性,缓解制度同构压力[26]。而 Zhang 等于 2020 年的研究也说明了一个地区 CSR 信息披露企业密度的增加,会增加有披露意愿的企业数量。因此企业为了获得更多的合法性,缓解所面临的同构压力和伦理道德压力,获得行业内或区域内更多的资源,会倾向于披露更多的非财务信息,并尽可能提高披露质量[8]。

三、小结

综上,关于企业非财务信息披露动机的研究主要观点和代表性文献总结如表 2-2 所示。可以发现,首先,国内目前关于非财务信息披露动机的研究多从某一具体动机展开,通过定量的方法验证其对非财务信息披露的推动作用,而近年来将多种动机分类或者整合的国内文献较少。其次,非财务信息披露动机可以分为内在动力和外在压力两个方面,且进一步可以从企业的内外部利益相关者的视角进行分析。最后,目前的研究往往将非财务信息披露的动机和影响因素两者等同,对于披露的动机和影响因素的区分并不明显,本书的研究倾向于把决定企业披露非财务信息决策的推动力定义为动机,而将影响非财务信息披露程度和水平的因素划分为影响因素。

表 2-2　关于企业非财务信息披露动机的研究主要观点和代表性文献总结

非财务信息披露的动机	主要观点或内容	代表性文献
内在动力	降低代理成本	黄立新等,2021 Maama 等,2020
	缓解信息不对称程度	张正勇等,2017 Maama 等,2020
	缓解融资约束,改善资本结构	Mo 等,2022 Zhang 等,2020
	提升公司价值和企业形象	韩鹏等,2017 Moet 等,2022
外在压力	响应国家政策,应对政府监管压力	《关于中央企业履行社会责任的指导意见》 《企业环境信息依法披露管理办法》 《上市公司治理准则》等政策文件
	树立企业的良好形象,减少公共媒体对企业的负面报道	Jia 等,2021
	为了提升合法性,应对行业内、区域内其他企业披露信息所带来的制度同构压力	Maama 等,2020 Zhang 等,2020

2.1.3　非财务信息披露的影响因素

企业仅披露财务信息无法满足新经济环境的需要,非财务信息披露作为财务信息披露的补充与扩展,内容丰富、形式多样,涵盖环境保护、社会责任、战略管理、前瞻性信息等内容,能够提升信息透明度,缓解企业融资约束,提升企业价值。基于降低代理成本、缓解信息不对称程度、缓解融资约束、改善资本结构、提升公司价值和企业形象等内在动力以及政府、公共媒体、其他企业等外在压力,大多企业选择披露非财务信息并尽可能提高披露质量。但在实际的披露决策过程中,企业披露非财务信息的程度和质量会受到许多内外部因素的影响。

一、内部因素

从企业内部来看,公司高管的特征、公司内部治理机制[31]、公司战略与规模、财务状况[3]、专有成本[32]等会影响到企业的非财务信息披露水平。企业的基本特征是两权分离的,在此背景下,股东和管理层之间不仅存在委托代理问题,还存在一定的职位冲突,表现为管理层做出为巩固职位并追求效用最大化的行为,即便这可能会损害股东的利益,在信息不对称的情况下,这种现象尤为明显,这与管理者特征和公司治理机制密切相关。当管理层的年龄降低、学历增加、任期缩短时,公司的内部控制机制越完善,体现在股权分散、管理层权力过大、董事会独立性提高、不存在董事长和总经理两职合一的情况等方面,这种冲突会被削弱,企业披露非财务信息的质量也会随之上升[31]。而在公司内部股东和管理层的博弈中,大股东对于非财务信息披露的影响也不容小觑,当大股东存在股权质押行为时,为了防止质押股权可能会造成的控制权风险,其可能会影响企业非财务信息披露的水平,研究表明股权质押行为对于企业披露非财务信息的水平具有正向影响[27]。企业管理层会进行期权交易,这些交易能够促进管理学习,当期权交易量增多时,管理者会倾向于减少披露以激励知情交易者产生决策相关信息,随后管理者可以从期权价格中收集这些信息。此外,在披露过程中,公司战略的不同、前景方向的不同,也会影响企业披露信息的数量和质量。张霁若和杨金凤于2020年研究了公司战略对于企业信息披露的影响,相较于防御型公司,采用进攻型战略的公司,若其选择隐藏内部控制缺陷信息,则导致的风险更大,若其选择披露缺陷信息,则其所引发的负面效应更小[33]。同时,公司的规模、财务状况对于非财务信息的披露具有显著的正向影响,即规模越大、财务状况越好的公司披露非财务信息的数量更多,真实性也更高[3]。上述研究基本上是从企业出发的,也有文献基于高校这种特殊的企业形式视角探讨非财务信息披露的相关问题。Raquel等于2021年考察了美国一流大学进行社会责任信息披露的影响因素,认为高校的规模、隶属关系、地位和排名等内部因素会影响到其社会责任信息披露的程度和质量,这与对企业的非财务信息披露影响因素的研究结论不谋而合[34]。

若将非财务信息披露看作企业生产经营中的一个环节,在其运作过程中必然会产生收益,也会占用成本。Woo等于2022年提出披露的专有成本会制约企业非财务信息的披露水平[32]。Grewal等于2019年认为,企业披露非财务信息的收益包括改善企业绩效、降低资本成本等,而披露的成本则包括传递信息的成本、政治成本、专有成本等,若成本超过收益,那么企业的披露决策是不经济的[35]。黄立新等于2021年研究发现,企业披露非财务信息可能会使企业的竞争者利用这些信息对企业采取不利行为,降低企业的竞争力[27]。从上述研究观点可以得出,企业在披露非财务信息时需要权衡预期收益与成本。

除上述影响上市公司非财务信息披露内容的内部因素外,也有大量学者对年报文本信息语言特征的影响因素进行了分析与探讨。在可读性的影响因素方面,现有研究围绕着管理层对公司未来业绩的判断、公司盈余管理、董事会秘书的声誉、控股股东股权质押、公司数字化转型、公司内部人交易行为以及公司避税程度等方面展开。具体来说,管理层对公司未来业绩的判断会影响年报文本信息的可读性,当管理层预计公司未来业绩较好时,会提高年报文本信息的可读性[36];公司盈余管理对管理层讨论与分析的可读性影响体现在盈余收益较前几年增幅较大的公司,其可读性更低[37];董事会秘书的声誉能够对文本信息的可读性产生正向影响[38];当上市公司的控股股东存在股权质押行为时,即控制权转移风险增大时,其会干预公司的信息披露,降低语言信息的可读性[39];公司的数字化转型能够缓解信息不对称程度,提升公司动态能力,增强分析师对公司的关注,促进年报可读性的提高[40];公司披露年报后,会出现内部人卖出交易的现象,公司内部人具有通过操纵文本信息可读性来掩盖公司负面业绩的动机[41];公司避税现象越严重,年报披露文本信息的复杂程度越高,年报文本可读性越差,且这种关系会受到媒体报道次数、分析师跟踪和盈余操纵约束的调节作用[42]。在影响语调的内部因素探究上,已有研究发现经营期望落差、管理层股权激励、控股股东股权质押等会影响到年报文本信息的语调。公司经营期望落差的出现会使积极语调的词汇减少,且其会受到公司内部治理机制的正向调节作用[43];还有大量研究表明股权激励计划可能会诱发管理层的信息操纵行为,管理层为了使自己获得的股权激励最大化,会操纵公司的文本信息,降低 MD&A 信息语调的积极性[44];此外,也有研究表明股东控制权转移会对年报语调产生影响,当公司控股股东存在股权质押行为时会倾向于披露带有积极语调的信息,以防止公司股价下跌[45]。

二、外部因素

公司不是独立的个体,其与外部环境相互影响、相互作用,从公司外部来看,公司面临的危机、外部利益相关者的监督以及产品市场竞争会影响到公司非财务信息披露的水平。Marco 等于 2021 年发现了重大危机对于公司披露非财务信息的影响,卷入危机的公司,针对不同的危机类型以及公司自身需求,在非财务信息的披露上会有所选择,有的公司会真实反映这种处境的相关信息,并说明其将采取的补救措施,而有的公司可能只是在报告中隐晦地暗示,甚至直接选择不披露[46]。此外,能够影响到公司非财务信息披露的外部因素还包括媒体、分析师以及审计师等外部利益相关者。现有研究认为大多公司进行非财务信息披露在一定程度上是迫于外部监管的压力[3,47]。媒体对公司的报道会产生舆论压力,还可能会引起监管机构的注意,而分析师对公司的关注度越高,其公开发布的公司分析报告越详尽,越会促使利益相关者对公司信息披露行为的监督,同样地,作为独立于公司和投资者的第三方,审计师能够鉴证企业报告的信息,并对此提出意见。

综上所述,迫于种种外部压力,企业会约束自身的信息披露行为,提升非财务信息披露质量,保证所披露信息的有效性和可靠性。任何企业都处在市场中,需要面临激烈的竞争压力,且由于自愿性披露会产生较大的专有成本,为竞争者利用企业信息采取不利行为提供可能性,在市场竞争程度激烈的情况下,披露的专有成本随之增多,企业可能倾向于披露更少的信息或降低披露质量。Woo等在2022年研究发现,企业面临的产品市场竞争越激烈,其披露社会责任信息的可能性越小,频率和质量越低,披露报告的内容越少[32]。因此竞争的激烈程度也是影响企业非财务信息披露的一大因素。

此外,年报文本信息的语调特征会受到许多外部因素的约束,媒体报道、交易所的监管问询、政治关联和卖空机制等外部监督会影响信息披露的语调。媒体报道使得管理层的语调操纵行为显著增加,具体来说,管理层会针对媒体的正向报道采取正面的语调管理行为,反之则对媒体的负面报道采取较为消极负面的语调管理行为[48];交易所的监管问询能够改善管理层的语调操纵行为,优化企业信息环境[49];存在政治关联的企业,其管理层更可能操纵文本信息的语调[50];卖空机制这种外部治理约束的存在,制约了管理层的语调操纵行为,具体体现在正面语调的减少[51]。

三、小结

综上,企业非财务信息披露的影响因素的主要观点和代表性文献总结如表2-3所示。研究发现,首先,国内关于企业非财务信息披露影响因素的研究多从某一个视角出发,分析某个或某几个因素的影响,综合各种因素的研究较少。其次,国内研究非财务信息披露影响因素的文献,其多采用实证研究法进行回归分析,对于案例分析的研究较少见,而国外有关非财务信息披露影响因素的研究方法比较丰富。再次,国外已有文献对于企业非财务信息披露的影响因素有着比较广泛且深入的探讨,例如利用多案例分析法说明丑闻缠身对于企业披露信息的影响,再如站在高校的视角研究其披露非财务信息的影响因素,而国内对于非财务信息披露影响因素的研究大多集中在公司治理、企业战略、管理层情况、外部监管等方面,且基本上都是围绕盈利性企业展开的。最后,本书的研究认为,对于非财务信息披露的研究,需要与时俱进,针对目前数字经济的迅猛发展,数字化、智能化等对于企业信息披露的影响也值得深思。

表 2-3 企业非财务信息披露的影响因素的主要观点和代表性文献

非财务信息披露的影响因素		主要观点或内容	代表性文献
内部因素		公司高管的特征(年龄、权力、任期)、公司内部治理机制(股权集中度、管理层权力、董事会独立性、两职合一等)	夏云峰等,2019 张霁若等,2020 黄立新等,2021
		公司的战略类型	张霁若等,2020
		公司规模及财务状况对披露具有正向影响	Jia 等,2021
		专有成本会制约非财务信息披露的水平	Woo 等,2022 Grewal 等,2019 黄立新等,2021
		管理层对公司未来业绩的判断	蒋艳辉等,2014
		公司盈余管理	程晋烽,2018
		董事会秘书的声誉	孙文章,2019
		控股股东股权质押	逯东等,2020 宋思淼等,2022
		公司数字化转型	王海芳等,2022
		公司内部人交易行为	朱光等,2022
		公司避税程度	于明洋等,2022
		经营期望落差	张英明等,2022
		管理层股权激励	刘建梅等,2022
外部因素		公司卷入重大危机	Marco 等,2021
		迫于媒体、分析师、审计师等外部监管的压力	张浩等,2022 Jia 等,2021 王跃堂等,2022
		企业面临着激烈的市场竞争	Woo 等,2022
		交易所的监管问询	王海林等,2022
		政治关联与语调操纵行为	贺康等,2020
		卖空机制对管理层语调操纵行为的制约	张璇等,2022

2.1.4　非财务信息披露的经济后果——基于语言转向信息视角

近年来,关于非财务信息披露经济后果的文献大量涌现,相关研究主要可以分为两个方面,其一是非财务信息披露质量的经济后果检验,其二是非财务信息披露语言特征的经济后果,主要包括非财务信息披露对资本成本、企业价值、资本市场定价效率、财务后果以及其他经济后果的影响。

一、资本成本

现有研究普遍认为非财务信息的披露对企业的融资成本具有显著的影响。目前的主流观点为非财务信息的披露可以减少信息不对称程度[52],提高信息透明度,降低融资成本[53]。随着对非财务信息披露研究的不断深入,学者们针对不同的非财务信息披露与资本成本之间的关系进行了相关研究。

从社会责任信息披露视角,企业披露高质量的社会责任信息能够提高其信息透明度,树立正面的社会形象,提升投资者对企业的信任,从而拓宽融资渠道。一些文献通过实证分析检验了积极履行社会责任的上市公司具有更低的股权资本成本[54-55]。黄心羽和徐文娟于 2018 年、郝臣等于 2020 年以 A 股上市公司为样本,以润灵环球责任评级评分或其对数来衡量社会责任信息披露质量,研究发现社会责任信息披露质量的提升能够使股权资本成本降低[56-57]。王建玲等于 2016 年通过实证检验发现企业公布社会责任报告有助于降低债务资本成本,且社会责任报告的质量越高,债务资本成本就越低[58]。

对于其他非财务信息,Grewal 等于 2019 年指出在环境、社会和治理(ESG)方面表现优异的公司有更好的融资渠道和更低的资本约束,发布可持续发展报告的公司资本成本较低[35]。针对风险信息披露,风险信息可以提供企业面临的风险与企业不确定事件相关信息,增加信息透明度,加强投资者对企业风险状况的认知,增强投资者对企业投资的信心,因此可以降低银行贷款利率[59],从而降低企业的融资成本。智力资本信息可以提供与企业价值链创造相关的信息,有助于投资者了解企业的价值增值能力,降低期望报酬率,从而降低股权资本成本[60]。碳会计信息披露可以为企业树立绿色环保形象,提升企业声誉,展现企业长期可持续发展能力,提升投资者对企业的评价,从而间接降低债务资本成本[61]。企业信用信息披露可以传递企业诚信经营的信号,提高投资者的投资信心,从而降低股权资本成本[17]。

文本的语言特征也可能对投资者的投资决策产生影响,从而在一定程度上降低融资成本。研究发现年报可读性会影响投资者的判断和决策,基于启发式偏差视角,高可读性的信息会提升投资者感知和决策的流畅性,使得投资者可能更加青睐披露信息可读性较高的公司,且面临可读性较高的信息会做出更强烈的反应。

二、企业价值

许多研究表明非财务信息披露对企业价值会产生显著的影响,并且具有不同的价值效应。从碳信息披露视角,一方面,随着投资者越来越关注环境方面的信息,企业披露高质量的碳信息可以增强投资者的投资信心,获得更多公众的支持,如 Gozali 等于 2002 年、张巧良等于 2013 年、杜湘红和伍奕玲于 2016 年、柳学信等于 2021 年研究发现碳信息披露质量可以正向影响企业价值[62-65];另一方面,若企业披露的碳信息包含污染违规等信息,可能会对企业价值产生不利影响,如 Freedman 等于 2005 年、李力等于 2015 年、曾晓等于 2016 年认为企业碳信息披露水平负向影响企业价值[66-68]。此外李慧云等于 2016 年研究指出上市公司的碳信息披露质量与企业价值呈 U 形关系[69]。

针对社会责任信息披露,长期来看,企业披露高质量的社会责任信息可以提高企业价值。Steven 于 2022 年以印度尼西亚证券交易所的上市公司为研究样本,指出企业披露社会责任信息有助于提升企业的形象,对企业价值有正向的影响[70]。在我国也有学者证明社会责任信息具有价值相关性,可以显著影响公司价值[71]。其他非财务信息如风险投资信息可以向投资者传递企业风险投资行为相关信息,增加投资价值[72];环境信息披露可以减少投资者对企业的预测风险,提升投资者的投资信心,从而提升企业价值[73];智力资本信息作为企业价值链的基础,也可以正向影响企业价值[74]。

在非财务信息披露的语言转向和视觉转向背景下,研究学者针对语言特征和视觉图像所产生的影响进行研究。有学者利用广义矩估计(GMM)的方法研究了年报可读性和股权封闭式投资公司(CFE)折价率之间的关系,研究发现可读性差的年报会使 CFE 以更高的折价率进行交易,而在可读性提高一个标准差的情况下,CFE 的折价率将会降低 1%。这项研究结果表明,公司(特别是处于不透明信息环境中的公司)可以通过增强其年报的可读性来提高市场价值[75]。

三、资本市场定价效率

非财务信息作为财务信息的补充,能够使利益相关者更好地了解企业的真实情况和特质信息,从而优化投资者的投融资行为,提高 IPO 定价效率[1]。信息透明度可以显著影响股价同步性[76]。其中,前瞻性信息可以帮助投资者预测企业的经营成果,反映企业的特质信息,从而降低股价同步性[12]。高质量的 ESG 信息披露可以降低信息不对称程度,帮助投资者做出正确的投资决策,也可以平抑投资者的情绪,有利于投资者理性地进行投资,从而降低股价崩盘风险[77]。朱杰于 2022 年以中国上市公司年报中的风险信息披露为研究对象进行研究,发现其对公司股价崩盘风险有显著降低作用,可以促进资本市场健康发展[78]。

不过也有学者发现强制披露社会责任信息会正向影响股价同步性,会对市场资源配置效率造成损害[79]。权小锋等于 2015 年也指出企业管理者基于自利的目的,利用披露社会责任隐瞒坏消息,会降低非财务信息质量,加剧股价崩盘风险[80]。

非财务信息披露相较于财务信息披露有更强的灵活性,表达方式更为丰富,其文本披露特征如披露的语调、措辞、复杂性等有更高的自由裁量权,非财务信息披露的语言特征逐渐成为目前研究的热点话题。目前中国上市公司年报中存在语调管理行为,内部人通过语调管理进行反向交易而获利[81]。王嘉鑫等于 2022 年研究发现上市公司年报非财务信息可读性越高,企业股价崩盘风险就越低,且非财务信息披露语调越积极,股价崩盘风险上升效应越明显[82]。管理层讨论与分析(MD&A)信息语言越真诚,股价同步性越低,即可提高资本市场定价效率[83]。

四、财务后果

针对财务绩效方面,碳信息披露可能被视为企业在长期战略和生产经营体系中对环境问题的可信承诺[84],更高质量的环境信息披露将影响管制者决策,进而影响企业及其竞争者的成本,从而对财务绩效产生积极影响[85]。蒋琰和周雯雯于 2015 年、李秀玉和史亚雅于 2016 年也发现碳信息披露对财务绩效具有显著的正相关影响[86-87]。而崔也光和马仙于 2014 年以净资产收益率为财务绩效的衡量指标,发现碳信息披露与财务绩效无明显的相关关系[88]。此外,Ta 等于 2018 年提出社会责任信息披露会显著影响财务绩效[89]。环境信息披露可以积累较好的社会声誉和企业形象,优化资源配置,提高能源使用率,从而使企业获取市场机会和竞争优势,提高财务绩效[7]。蒋艳辉和冯楚建于 2014 年从管理层讨论与分析部分文本信息的文本特征中提取出五种语言特征测度指标,它们分别为可读性、业绩自利性归因、匹配信息密度、自我指涉度、前瞻性深度,研究发现可读性、匹配信息密度、前瞻性深度与未来财务业绩正相关,业绩自利性归因与未来财务业绩负相关,自我指涉度与未来财务业绩的关系不显著[36]。

从财务风险视角,企业履行社会责任可以传递企业良好绩效的信号,降低投资者对企业未来不确定性的担忧,有助于企业获取更多资源,从而保持财务稳健性[90],社会责任信息披露可以显著降低企业的财务风险[91]。

五、其他经济后果

非财务信息披露与企业创新存在一定的关系,如环境信息披露是企业获得、维持或修复组织合法性地位的有效手段。信息传递可以促进企业合法性的提升,增强利益相关者的理解、支持和信任,为企业实施创新战略创造不可或缺的条件[92],因此环境信息披露可以促进企业的研发创新,提高企业的创新水平[93-94]。另外环境信息披露也能影响企业的信用评级。环境信息透明度较高的企业,其管理者比较关注利益相关者的诉求,注重履行受托责任,其行为更诚实可靠、更值得信赖,其环境信息透明度与获得高信用评级的概率之间显著正相关[95]。

还有学者研究了智力资本信息披露与分析师盈利预测的关系,企业智力资本信息披露水平越高,内容披露得越充分,形式越规范,可读性越高,那么证券分析师掌握的接近其实际价值的信息就越完整、越可靠,以这样的信息为基础得到的盈利预测结果的误差就会越小[96]。此外,有学者研究发现在标准审计意见和分析师关注度高的情况下,管理层信息披露语调越积极,企业违规概率越低[97]。

六、小结

综上,目前关于非财务信息披露经济后果的研究已有很多,但是仍有一些经济后果值得研究和商榷,其主要观点和代表性文献归纳如表 2-4 所示。现有研究对非财务信息整体以及不同类别的非财务信息披露的经济后果进行了比较全面的分析,主要从资本成本、企业价值、资本市场定价效率、财务后果以及其他经济后果等方面展开研究。针对资本成本,目前的主流观点为企业提高非财务信息披露质量可以降低股权资本成本与债务资本成本,缓解企业融资约束;对于企业价值,大部分研究指出企业披露非财务信息可以正向影响企业价值,不过也有学者指出非财务信息与企业价值呈负相关或 U 形关系;对于资本市场定价效率,部分学者通过研究指出非财务信息披露可以降低股价崩盘风险,降低股价同步性,提高资本市场定价效率,但另一部分学者也指出非财务信息披露可能会损害资本市场定价效率;对于财务后果,目前的研究发现非财务信息披露可以提高财务绩效并降低财务风险。此外,有学者发现非财务信息披露对企业创新水平、信用评级、分析师盈利以及违规概率都有一定的影响。

表 2-4 基于语言转向信息视角非财务信息披露的经济后果的主要观点和代表性文献

非财务信息披露的经济后果	主要观点或内容	代表性文献
资本成本	降低融资成本	Dhaliwal 等,2011 郝臣等,2020 王雄元等,2019
	降低股权资本成本	Dhaliwal 等,2014 黄心羽等,2018 黄炳艺等,2023 高锦萍等,2022
	降低债务资本成本	王建玲等,2016 黄炳艺等,2023
企业价值	提高企业价值	张巧良等,2013 杜湘红等,2016 柳学信等,2021 沈洪涛等,2008 王苏生等,2017 李宏伟,2015 张志超,2022
	降低企业价值	李力等,2016
	U 形关系	李慧云等,2016
资本市场定价效率	提高 IPO 定价效率	刘根霞,2021
	降低股价同步性	李子健等,2022
	提高股价同步性	李新丽等,2019 王运陈等,2020
	降低股价崩盘风险	席龙胜等,2022 朱杰,2022 王嘉鑫等,2022
	增加股价崩盘风险	权小锋等,2015
财务后果	提高财务绩效	谢宜章等,2022 何玉等,2017 蒋琰等,2015 李秀玉等,2016 蒋艳辉等,2014

续 表

非财务信息披露的经济后果	主要观点或内容	代表性文献
财务后果	文本信息特征降低财务绩效	蒋艳辉等,2014
	降低财务风险	吴文洋等,2022 韩芳等,2021
企业创新	提高企业创新水平	张秀敏等,2021
信用评级	提高获得高评级的概率	常莹莹等,2019
分析师盈利预测	提高分析师预测的准确率	王敬勇等,2022
违规概率	降低企业违规概率	邱静等,2022

2.1.5 非财务信息披露的经济后果——基于视觉转向信息视角

目前学术界已有研究探讨了公司高管的年龄、性别、任期、经验、受教育程度等后天特征与公司财务绩效的关系,而基于理论基础的创新应用和实验方法的改进,也有部分学者对年报中高管照片等视觉图像反映出的高管先天特征与财务行为的关系展开了研究,研究内容主要聚焦于高管先天特征与公司业绩表现之间的关系和高管先天特征对投资者决策判断的影响两个方面。

一、视觉转向对公司自身的影响

在高管照片与公司业绩表现关系的研究层面上,一些学者探讨了视觉图像与公司业绩、股价、企业价值之间的关系,并认为高管照片体现出的外貌等高管先天特征对公司业绩表现和企业价值具有正向影响。具体来说,有学者探讨了公司 CEO 的个人特征与公司业绩之间的关系,其挑选了《财富》500 强公司排名前 25 和倒数 25 的 50 家公司的 CEO 照片,让被试对象通过照片从能力、控制力、喜爱程度、面孔成熟度、面孔信任感、领导力等维度对 CEO 的个人特征和领导能力进行评价,并将评分结果与公司业绩进行相关性分析,发现从 CEO 照片中感知到的长相等先天特征会影响人们对其特质的判断,也会影响人们对公司业绩的评价。高管照片中显示出的高管长相也会对公司股价产生正向影响,借助于标准普尔 500 指数的 682 家公司的 CEO 照片并利用计算机软件计算这些照片体现的"长相吸引力指数",发现高管照片披露的长相信息对公司股价具有显著的正向影响,高管长相吸引力指数高的公司股票价格更高[98]。此外,良好的高管长相与声音也会体现较高的公司价值,在我国创业板公司 IPO 过程中的高管路演推介背景下,高管长相与声音这两个具有代表性的先天特征对IPO市场会产生影响,IPO市场对于高管路演推介存在"美貌偏好"和"低音偏好",即路演中长相好的、声音沉稳的高管所在公司的IPO热度高、折价率低,所体现的公司价值也相对较高[99]。但也有学者认为,企业在信息披露过程中会通过图片掩盖业绩不佳的现象,研究发现,2006—2013年中欧和东欧7个国家33家商业银行在经济危机期间披露的图像相较于非经济危机时期严重失真,这说明公司管理层可能会通过操纵视觉信息来掩盖业绩下滑现象,实现印象管理[100]。

二、视觉转向对投资者的影响

在高管照片对投资者决策的影响方面,现有证据表明高管照片能够吸引投资者的注意力,影响投资者的情感体验和信任感知,从而影响其投资的行为意愿。一些学者认为,CEO长相会影响投资者决策,投资者对长相评分高的CEO所在的公司投资意愿更强烈[98]。高管的长相和声音这两种显著的先天特征也会影响到投资者的意愿和行为,通过考察我国创业板公司的IPO高管路演推介时的高管长相和声音等先天特征对投资者的影响,发现投资者对高管长相存在"美貌偏好",在信息不对称程度较高的情况下,高管长相和声音等先天特征会显著影响投资者,尤其是中小投资者的价值判断和投资选择[99]。也有学者检验了高管照片对投资者注意力和行为意愿的影响,发现高管照片向信息需求者传递了公司管理层的个性和领导力,这种可视化的信息披露能够对传统的财务报表信息和叙述性文本信息进行有益补充,帮助投资者更全面地了解公司的情况,吸引投资者更多的注意力,影响投资者的信任感知,增强其对公司及管理层的信心,从而增强投资者的投资意愿,提高投资者愿意投资的金额[101]。此外,基于情感启发式和双加工理论,利用行为学实验的方法来探究年报中以高管照片为代表的视觉信息披露对投资者行为的影响,可以发现投资者会利用自己的直觉处理系统来解读企业披露的高管照片等视觉信息,这些照片通过影响投资者的情感体验和信任感知,使投资者产生积极的情绪和较强的信任感,从而引导投资者的决策行为[102]。更广泛地来讲,视觉形式的信息披露包括与数据相关的可视化图表,可视化图表可以提高信息获取速度与决策效率,高管照片等额外信息可以对投资者的决策产生影响[103]。可见,视觉图像这种信息披露方式可以提高信息获取效率,帮助投资者更高效地了解企业相关信息,可在一定程度上增强投资者对企业的信任感知,从而影响投资决策。

三、小结

综上,基于视觉转向信息视角非财务信息披露的经济后果的主要观点和代表性文献归纳如表 2-5 所示。随着近年来市场竞争的日益激烈,人们对企业信息披露的数量、质量、可理解性、可视化等方面都提出了更高的要求,在视觉转向背景下高管照片等视觉元素的重要性日益凸显,但目前我国上市公司年报中有关视觉图像的披露较为缺乏,且由于目前实验方法和技术的欠缺,学术界对于年报中视觉图像的研究整体来说尚不充足,此外,对于战略地图、组织架构、业务流程信息、年报视觉设计等视觉元素的研究更为匮乏。因此,今后会计领域对于视觉信息披露的研究应当在深度和广度上进行拓展。

表 2-5　基于视觉转向信息视角非财务信息披露的经济后果的主要观点和代表性文献

基于视觉转向信息视角非财务信息披露的经济后果	主要观点或内容	代表性文献
对公司自身	高管的长相会对公司股价产生正向影响	Halford 等,2014
	良好的高管长相与声音会体现较高的公司价值	沈艺峰等,2017
	公司管理层可能会通过操纵视觉信息掩盖业绩下滑现象,实现印象管理	Laidroo,2016
对投资者	CEO 的长相会影响投资者决策,投资者对长相评分高的 CEO 所在的公司投资意愿更强烈	Halford 等,2014
	高管的长相和声音这两种显著的先天特征会影响到投资者的投资意愿和行为	沈艺峰等,2017
	高管照片通过影响投资者的情感体验和信任感知来影响投资者的投资意愿与行为	龙思,2019；袁畅,2019
	可视化图表可以提高信息获取速度与决策效率,高管照片等额外信息可以对投资者的决策产生影响	高锦萍等,2018

2.1.6　非财务信息披露质量的衡量

非财务信息大多基于文本形式来表述,现有文献对非财务信息质量的衡量包括两大类:一是针对语言元素内容质量的衡量,主要有三种方式,即内容分析法、外部评价法以及文本分析法;二是针对文本语言特征的衡量,即对年报文本信息可读性和语调的衡量。

一、内容分析法

大多数文献采用基于内容分析法的主观评分方式来衡量和评价文本信息的披露质量[104-107],通过构建指标体系来衡量非财务信息质量,通过设置不同等级指标以及指标权重,以得分与权重的乘积对非财务信息质量进行量化与衡量。宋晓华等于 2019 年通过挖掘企业碳减排管理活动全流程,从整体层面的战略目标,到执行层面的行动绩效和组织层面的管理与激励,最后到成果层面的碳排放核算与交易,确定了包含四个一级指标、九个二级指标的碳信息评价指标体系,借鉴我国《企业会计准则——基本准则》中提到的会计信息质量特征的思路,选择显著性、时效性、可靠性、量化性四个维度进行评分,进一步利用熵权法计算各指标的权重,再对各样本年度碳信息披露评价指数得分与指标熵权的乘积进行加总,最终得到各样本公司年度碳信息披露评价指数 Cid [5]。研究表明 Cid 越高,企业碳信息披露水平越高。蔡显军等于 2022年参考证交所战略合作公告披露指引的要求和我国上市公司战略合作信息披露的现状,构建了一个适用于中国上市公司战略合作信息披露质量的评价指标体系,包含框架协议签订的基本情况、框架合作协议的主要内容、对上市公司的影响、重大风险提示四个一级指标,共十二个二级指标,并按照赋分标准予以计分,以衡量战略合作信息披露质量[10]。内容分析法虽得以普遍使用,但存在两大缺陷:一是人工打分法需手工收集大量数据,致使研究样本量普遍偏小,从而影响模型的解释力度;二是度量体系及评分准则主观性较强,研究方法可复制性及推广应用难度较大。指标体系存在较大的随意性和主观臆断性,同时指标评分消耗大量时间精力,过程繁琐易出错,再加上非财务信息的披露渠道较多,仅以年报中的信息作为衡量依据有失偏颇。

二、外部评价法

为了规避主观评分法的缺陷,一些文献采用外部评价法来衡量非财务信息披露质量,比如直接采用现有的评价报告,如中国上市公司非财务信息披露报告中沪深 300指数公司的披露得分[108]、润灵环球对社会责任报告的评分结果[31]等。直接采用现有的具有权威性的评价报告,一方面可以极大地降低研究成本,另一方面由于公开披露的评价报告具有较高的权威性,可以提高衡量非财务信息披露质量的准确性。

三、文本分析法

为了降低主观打分的估计噪音,随着文本挖掘技术的发展,文本分析法逐渐在多个研究领域迅速得到应用,弥补了主观评分方法的缺陷。文本分析法通过量化从文本中提取的特征项来衡量文本信息,特征项可以是字根、字、词素、词、短语、句子等单位[109]。因其较强的客观性、可比性、高效性及可靠性,文本分析法逐渐受到非财务信息披露研究领域的青睐,相关文献利用各类文本挖掘技术对环境信息、研发信息、风险信息和社会责任信息进行量化和分析评价[110-111]。王嘉鑫等于2022年采用机器学习方法对年报文本进行挖掘,进而从字词可读性、语言逻辑可读性和专业术语可读性三个方面衡量非财务信息披露质量[83]。张俊瑞等于2022年通过借鉴之前学者对前瞻性信息衡量的指标,结合中国上市公司披露的中文文本信息特点,从中文语言将来时态特征制定出衡量中文年报中前瞻性信息的种子词集,采用Word2Vec机器学习技术,计算前瞻性词汇总词频占年报全文总词数的比例,用它来衡量前瞻性信息披露指标。这个指标数值越大,表明公司前瞻性信息披露水平越高[13,112]。

四、年报文本信息可读性的衡量

关于年报文本信息可读性的研究讨论了文本信息可读性的衡量方法,传统的可读性衡量方法包括FOG指数、FLESCH指数、LIX指数以及年报披露长度等。美国学者Robert Gunning于1952年提出使用FOG指数评价一篇文章的阅读难易程度。FOG指数从平均句子长度和复杂单词比例两个维度衡量可读性,具体公式为

$$\text{FOG 指数} = 0.4 \times (\text{平均句子长度} + \text{文章中复杂单词百分比})$$
$$= 0.4 \times [(\text{单词总数}/\text{句子总数}) + (\text{复杂单词数量}/\text{单词总数})]$$

FOG指数越小,文章的可读性越高。FOG指数由于计算简便被广泛应用,但也存在很多争议。在使用FOG指数公式时,"复杂单词"这一概念难以界定是该方法应用过程中难以忽视的缺点,Robert Gunning认为"复杂单词"包括缩写词、超过三个音节的单词以及符号,但实际上有很多单词例外,例如商业文本中高频次使用的多音节词,它们会增大FOG指数,却很容易被投资者和分析师所理解,因此FOG指数方法被很多学者质疑。FLESCH指数方法同样从句子长度和单词长度两个维度衡量可读性,具体公式为

$$\text{FLESCH 指数} = 206.385 - 1.015 \times \text{平均句子长度} - 0.846 \times \text{平均单词长度}$$
$$= 206.385 - 1.015 \times (\text{单词总数}/\text{句子总数}) -$$
$$0.846 \times (\text{音节总数}/\text{单词总数})$$

FLESCH指数越小,可读性就越低,文章越难读。FLESCH指数方法和FOG指数方法类似,虽然计算简便,但因其度量方法的准确性和科学性遭到了学者们的质疑,因此存在很大争议。与前两种方法一致,LIX指数方法也从单词要素和句子要素两个维度衡量可读性,具体公式为

$$\text{LIX 指数} = \text{文章中复杂单词百分比} + \text{平均句子长度}$$
$$= \text{超过 7 个字母的单词数量}/\text{单词总数} + \text{单词总数}/\text{句子总数}$$

LIX 指数越小，文章的可读性越高。LIX 指数方法采用一个特定的单词长度作为判断"复杂单词"的标准，提高了计算的速度和准确性，在一定程度上突破了 FOG 指数方法在应用上的局限。与此同时，一些学者使用 SEC 建议的《简明英语指导法则》中的关于措辞和排版的准则来度量年报文本信息的可读性。他们通过计算机识别 SEC 建议的《简明英语指导法则》中提及的句子长度、主动语态、规则动词、复杂单词、排版等与可读性相关的属性，进而生成相应的可读性衡量指标，这种方法对复杂单词的界定没有一概而论，而是依据人们日常生活中对单词的熟悉程度进行区分，相对而言是一种较为综合全面的评价方式。以上年报文本信息可读性的衡量方法多是围绕英文的语言环境展开的，但实际上，中英文语言环境是存在差异的，对于中文情境下的年报文本信息可读性可能无法简单地利用上述方法进行衡量，徐巍等于 2021 年借鉴了衡量文本信息可读性的 FOG 指标，结合中文语言环境的特征和语言学的相关研究，构建了三个衡量中文年报文本信息可读性的指标——年报中每一分句的平均字数、每一分句中连词和副词的占比，以及平均字数与副词和连词占比的简单算术平均值[113]。从以上可读性的衡量指标中可知，上市公司年报文本信息的可读性体现在句均含字量、常用字密度、专业术语密度、逆接成分密度等方面，从这四个维度出发衡量上市公司的年报文本信息可读性，通过对数据进行分析和检验发现，样本企业年报平均每个句子约 42 个字，常用字占总字数的 24.56%，年报中每百字大约包含 0.83 个会计专业术语和 0.13 个逆接关系连接词，这说明我国上市公司年报总篇幅和平均句长的分布比较均匀，且年报中出现会计专业术语的频次很高，可能对普通投资者来说可理解性并不高[114-116]。

五、语调的衡量方式

现有研究对企业披露信息语调的衡量方式主要有两种，第一种衡量方式是计算披露信息中的积极词汇数量和消极词汇数量之差与总词汇数量的比例[117-118]；第二种衡量方式是通过计算年报中积极词汇和消极词汇数量之差与数量之和的比例来衡量年报披露信息的语调[119]。这两种衡量方式均需要对企业披露的文本信息进行内容分析与词汇提取，在此过程中可能需要某些算法技术的辅助。语调作为文本信息的另一大关键语言特征，同样存在难以量化的问题，因而在实验研究过程中，多采用行为学实验的方法。

六、小结

综上,非财务信息披露质量的衡量方法的主要观点和代表性文献总结如表 2-6 所示。目前我国经济市场仍处于逐渐发展阶段,与美国等发达国家不同,我国并没有对非财务信息的披露进行强制规定,各公司的非财务信息披露质量也参差不齐,因此如何对非财务信息披露质量进行如实合理的衡量仍是一个值得深入研究的问题。正因为非财务信息没有强制规定性,国内文献对非财务信息质量的衡量方式也不尽相同,对于非财务信息文本内容质量的衡量大体包括内容分析法、外部评价法和文本分析法。内容分析法建立在主观打分的基础上,不利于非财务信息的真实性与准确性,而且指标体系中的非财务评价指标的设计与选取是一个动态的过程,不是一成不变的,因此如何更好地构建和完善这一指标体系,还有待更深入的研究。相较于内容分析法,外部评价法对于非财务信息的披露则更具权威性。文本分析法借助于机器学习等先进技术,规避了传统人工打分的一些缺陷。此外,对于文本语言特征的衡量也有其独特的方式,对文本可读性的衡量方式包括 FOG 指数、FLESCH 指数、LIX 指数以及年报披露长度等传统的测量方法,也包括针对中文年报语境的测量方式;现有对语调的衡量方式主要包括两种,均需要借助于一定的技术来对文本信息进行内容分析与词汇提取。总之,非财务信息披露质量的衡量方式还需进一步的完善和细化,并且需结合我国资本市场的环境以及中文独特的语言环境。

表 2-6　非财务信息披露质量的衡量方法的主要观点和代表性文献

非财务信息披露 质量的衡量方法	主要观点或内容	代表性文献
内容分析法	通过构建指标体系来衡量非财务信息质量,通过设置不同等级指标以及指标权重,以得分与权重的乘积对非财务信息质量进行量化与衡量	Christine,1997 Mark 等,2000 龙文滨等,2013 叶陈刚等,2015 宋晓华等,2019 蔡显军等,2022 刘根霞,2021
外部评价法	比如直接采用现有的评价报告,如中国上市公司非财务信息披露报告中沪深 300 指数公司的披露得分、润灵环球对社会责任报告的评分结果等	钟宏武等,2011 夏云峰等,2019

续表

非财务信息披露质量的衡量方法	主要观点或内容	代表性文献
文本分析法	通过量化从文本中提取的特征项来衡量文本信息,特征项可以是字根、字、词素、词、短语、句子等单位。因其较强的客观性、可比性、高效性及可靠性,文本分析法逐渐受到非财务信息披露研究领域的青睐,相关文献利用各类文本挖掘技术对环境信息、研发信息、风险信息和社会责任信息进行量化和分析评价	胡元木等,2013 易珩等,2019 宋岩等,2020 王嘉鑫等,2022 张俊瑞等,2022 胡楠等,2021
年报文本信息可读性的衡量方法	FOG 指数、FLESCH 指数、LIX 指数以及年报披露长度等传统的测量方式 结合中文语言环境的特征和语言学的相关研究,构建了三个衡量中文年报文本信息可读性的指标——年报中每一分句的平均字数、每一分句中连词和副词的占比,以及平均字数与副词和连词占比的简单算术平均值	徐巍等,2021 王克敏等,2018
语调的衡量方式	① 计算披露信息中的积极词汇数量和消极词汇数量之差与总词汇数量的比例 ② 通过计算年报中积极词汇和消极词汇数量之差与数量之和的比例来衡量年报披露信息的语调	Davis 等,2012 汪昌云等,2015 谢德仁等,2015

2.1.7 文献述评

非财务信息披露作为向利益相关者传递公司社会责任、战略管理、发展前景及信用情况等内容的重要渠道,越发受到企业和研究学者们的重视,已经形成了较为成熟的研究体系。本节的研究通过梳理非财务信息披露的相关文献,发现企业的非财务信息披露内容多集中在环境保护、社会责任、战略管理、内部治理、发展前景、信用信息等方面,既可以通过文字、数据等形式呈现,也可以结合可视化图表、高管照片等视觉图像来增加直观性与吸引力。企业披露非财务信息的决策受到缓解代理问题、降低信息不对称程度、缓解融资约束、改善资本结构、提升公司价值等内在动力的推动以及政府监管、公众媒体监督、行业压力和地区趋势等外在压力的制约。在企业披露信息的过程中,披露的质量和水平会受到公司高管的特征、内部治理机制、管理层权力、战略与规模、财务状况、专有成本以及企业面临的危机、外部利益相关者的监督、产品市场竞争等内、外部因素的影响。企业通过披露更多高质量的非财务信息,可以达到降低资本成本、提升企业价值、提高资本市场定价效率、改善财务绩效、促进创新和提高信用评级等效果,推动企业的成长。而在现有对企业非财务信息披露的研究中,有关非财务信息披露质量的度量方法多以内容分析法、外部评价法和文本分析法等为主,需要根据研究的实际情况进行选择。通过对相关研究的梳理与归纳,我们发现,目前有关非财务信息披露的研究多集中于其经济后果方面,且关于社会责任信息披露、环境信息披露、语言形式信息披露等的研究已较为完善和成熟,而对于信用信息披露、ESG信息披露以及视觉图表等形式的披露的相关研究亟待进一步丰富和拓展。同时,随着时代的发展与变革,我们的研究也需要具有时代意义与前瞻视角。

2.2 理论基础

本节对我国上市公司年报中非财务信息披露现状和效应的研究以及对信用信息披露、可读性和高管照片的影响的探索建立在信息不对称理论、委托代理理论、信号传递理论、信誉机制理论、双重态度模型理论和双加工理论的基础上。

2.2.1 信息不对称理论

信息不对称理论(asymmetric information theory)认为在市场经济活动中,各类人员对有关信息的了解是有差异的;掌握信息比较充分的人员,往往处于比较有利的地位,而信息贫乏的人员,则处于比较不利的地位。在非完全市场交易中,交易双方关注的焦点在于标的物本身,而对对方的了解和认识有限,因而任何一方都无法完全了解全部信息,且双方拥有的信息处于不均等状态,信息优势方所拥有的信息数量多、来源可靠且真实性强,而信息劣势方则可能由于各种原因并未获得完整信息,存在获取信息量不足、信息的真实性不强或者信息的时效性较低等问题,双方存在信息质量差异。在市场交易中,通常卖方会占据更多的信息资源而比买方更具优势,此时卖方可以利用这种信息优势在交易中为自身谋取更多利益。

信息不对称在市场经济中是普遍存在并且无法完全消除的,一方面,交易双方或多方由于环境、地位、知识结构等各方面的制约,相互间了解的信息存在差异,从而导致效益的不平衡;另一方面,信息不对称体现了市场资源配置存在不足,仅凭市场本身无法解决这一问题,在市场交易中,买方希望获得和卖方同等的信息,因而需要为获取更多信息和监督卖方行为付出更多的交易成本,且成本会随着买方需求强度的增大而增加,但实际上买方不可能花费超出预期收益的成本观察和获得与卖方同等的信息。

信息不对称的存在必定导致信息优势方为牟取自身更大的利益而致使另一方的利益受到损害,信息优势方可能会作出"败德行为",信息劣势方则会面临交易中的"逆向选择",这种问题的存在会直接导致市场机制作用扭曲,市场信息被误导,从而引发市场失灵现象。因此,应当设计最优的市场体制方案来防止信息不对称问题带来的"市场失灵",同时应加强政府对经济运行的监督力度,更正由市场机制所造成的一些不良影响,努力使信息尽量由不对称到对称。

信息不对称理论广泛应用于市场经济和企业管理等领域,企业年报作为信息传递的载体,其承载的信息数量、内容和质量等与信息不对称理论密切相关,因而对于我国上市公司年报非财务信息披露的研究离不开信息不对称理论的指导。

2.2.2　委托代理理论

委托代理理论(principal-agent theory)是研究委托代理关系的一种制度经济学契约理论。其主要研究的委托代理关系是指一个或多个行为(委托人)主体根据一种明示或隐含的契约,指定、雇佣另一些行为主体(代理人)为其服务,同时授予后者一定的决策权利,并根据后者提供的服务数量和质量对其支付相应的报酬。这种关系广泛存在于现代企业治理中,在所有权和经营权分离的背景下,企业所有者委托企业经营者负责公司的日常经营活动,经营者在专业知识上具有相对优势,他们有精力、有能力代理行使好被委托的权利。但在委托代理关系中,由于委托人所有者与代理人经营者的效用函数不一样,所有者追求的是自己的财富更多,而经营者追求的则是自己的工资津贴收入、奢侈消费和闲暇时间最大化,这必然导致双方的利益冲突,在没有有效的制度安排下代理人的行为很可能最终损害委托人的利益。此外,这种关系也与企业内部信息不对称现象的普遍存在有关,代理人可能会利用信息优势为自己牟取私利,甚至损害委托人的利益。因此,委托代理理论的中心任务是研究在利益相冲突和信息不对称的环境中,委托人如何设计最优契约激励代理人。

不止现代公司治理,委托代理关系在社会中普遍存在,委托代理理论也被用于解决各种问题。如国有企业中的国家与国企经理、国企经理与雇员、国企所有者与注册会计师,公司股东与经理,选民与官员,医生与病人,债权人与债务人都是委托代理关系。在我国上市公司年报的披露实践中,信息的发布方和使用方、主要负责年报信息披露的管理层和委托人股东,都是委托代理关系,因而年报非财务信息披露的研究需要依据委托代理理论进行。

2.2.3　信号传递理论

信号传递理论(signaling theory)认为,在资本市场上,由于信息不对称现象的普遍存在,一些企业为了将自己与其他企业区别开来,通常会采取一系列行动以向投资者等利益相关者传递相关信息,即传递企业信号,企业常见的信号传递方式包括提高股利支付率、提高资产负债率、聘请高质量审计师、披露非财务信息等。且这种信号传递行为通常具有一定的成本,其他企业难以模仿。在这种情况下,投资者等利益相关者便能够识别出那些释放信号的企业。可见,信号传递理论是解决信息不对称问题的有力工具,可以促进双方信息的交换。

信号传递理论包括信号传递者、信号和信号接收者三个要素。企业管理者等信号传递者将关于个人、产品或组织潜在特性的信号传递给供应商、消费者、投资者等信号接收者,这些信号接收者会根据自身需要筛选、观察和解释信号,并据此作出决策,然后将信号使用情况反馈给信号传递者,这整个过程会受到信号传递环境的调节作用。

信号传递理论促使大量管理学者研究信息不对称对组织行为和绩效的影响,例如战略管理、企业社会责任、人力资源管理等诸多领域。企业年报作为企业信息传递的载体,与信号传递理论密切相关。已有研究认为,上市公司年报中的非财务信息披露会使用一定的企业资源,不容易被模仿,且容易被市场发现和鉴别,因而其可以作为信号传递的方式。

2.2.4 信誉机制理论

信誉机制理论(reputation mechanism theory)认为重视企业信誉的培养应成为现代企业经营战略的重要内容。信誉是指依附在人与人之间、组织与组织之间、商品交易之间所形成的一种相互信任关系,信誉促成了双方自觉自愿的反复交往。信誉的获得是建立在"信"的基础上的,它是诚信行为的结果,包括个人信誉、政府信誉和企业信誉。在市场经济中,信誉关系伴随着经济交换关系而发生,交易双方构成信誉机制的主体,经济交换所形成的各种权利与义务的契约形式则构成了信誉机制的客体,相互交换与合作基于双方对自己义务的承诺和履行,即彼此之间的信任,这构成了信誉机制的内容。

在企业信誉机制中,信誉依赖交易双方的诚信经营和履约、对欺诈和违约行为进行惩罚的机制,以及社会规范或中介机构组织实施的相关规则和程序。通过建立信誉机制,可以使守信企业获得利益激励,不守信企业则会受到惩罚。在信用评级市场,信誉机制能够实现市场的良性发展。信用评级机构对企业做出的评级会影响投资者的判断和决策,为取得投资者的信任,企业会寻求有信誉的评级机构进行评级,从而有信誉的评级机构向企业收取更高的评级费用,如果评级机构为节省成本而降低评级质量,可能会导致其失去信誉,从而失去未来更高的收益。在本书的第 4 章中,我们对上市公司年报信用信息披露质量经济后果的研究就是基于信誉理论展开的。

2.2.5 双重态度模型理论

双重态度模型理论(dual attitudes model theory)是 Wilson、Lindsey 和 Schooler 在 2000 年提出的,该理论认为,个体对同一特定态度对象同时持有两种不同的态度评价,即通过有意识的认知过程形成的、个体能感知到的外显态度和个体感知不到的、无意识的、自动激活的内隐态度,这两种态度属于两个相互独立的心理结构,即双重态度模型理论认为个体的外显态度和内隐态度是相分离的。该理论的具体原理是,当外在因素的影响导致个体对某一态度对象的态度发生转变时,新的态度会暂时超越旧的态度并被表现出来,但是旧的态度并没有被新的态度替代,其仍然保留在个体的记忆中潜在地对其行为产生影响,因此,同时存在的新、旧两种态度就构成了"双重态度"。当个体对某一对象进行态度评价时,内隐态度在无意识中被自动激活,而外显态度则需要动机和能量才能从个体的记忆中被提取,个体认可哪种态度取决于其对外显态度的知觉程度以及对内隐态度和外显态度强度的比较,当个体具有认知能力去提取外显态度并且外显态度强度超过内隐态度时,外显态度会被展现出来,反之,当个体不存在动机或能量提取外显态度时,内隐态度则会被显示出来。值得注意的是,无论个体是否有意识地呈现自己的外显态度,由过去经验累积形成的、个体无法内省识别或无法准确识别的、被自动激活的内隐态度都会潜移默化地影响着人们的行为。

双重态度模型理论认为,外显态度和内隐态度都对个体的行为决策产生影响,且个体对同一对象所持的外显态度和内隐态度有所差异。然而现有对投资者态度和行为的研究往往只注重对外显态度的测量,而忽略了内隐态度的影响,这难免有失准确性。因而在双重态度模型理论的指导下,应该通过外显态度测量与内隐态度测量相结合的方法来探测完整的投资者态度,以便更加精准和深入地研究非财务信息披露的可读性对投资者态度及其行为的影响。

2.2.6 双加工理论

双加工理论(dual-process theories)认为人类大脑中存在直觉系统和理性系统两套并行的思维系统,共同影响着人类对事物的判断和决策。直觉系统是人脑中一组与其他动物共有的自主子系统,包括先天输入的模块和由通用的学习机制获得的特定知识,该系统对信息的加工过程在本质上是快速、平行和自动的,可以在意识中直接呈现最终的处理结果。理性系统是人类所特有的,其允许抽象推理和假设思维,但这些都受到个体工作记忆能力的限制,并与个体的一般智力相关联,该系统的加工过程在本质上是缓慢的、连续的,并且利用中心工作记忆系统,但它进行直觉系统所没有的抽象假设性思考。该领域的现有研究大多认为理性思考系统和直觉思考系统相辅相成,两个思维系统共同控制个体的推理、决策和行为。

简单来讲,直觉系统以启发式加工为特点,理性系统以分析式加工为特点,双加工理论认为这两个系统会共同作用于人类推理和决策的全过程,这就为不同的非理性偏差决策提供了一个共有的解释思路。当两个系统的加工方向一致时,个体推理和决策的结果既符合直觉又符合理性,而当两个系统的加工方向不一致时,直觉系统和理性系统会构成竞争,最终出现与理性或直觉不一致的决策结果。可见,理性因素固然重要,但双加工理论也强调了情感(直觉)这一非理性因素在决策中的作用,这是该理论的一大重要特征。且在高风险的决策背景下,人们往往倾向于利用直觉系统的帮助做出判断。

双加工理论被广泛地应用于心理决策和市场营销领域。而近年来管理学和会计学领域也开始陆续关注到经济问题中双加工框架的必要性和科学性。例如,在审计师判断中,审计师已有的知识、信念和可获得性可以直接诱发直觉系统的处理,而任务和环境因素、审计师个人特征、激励和决策协助等一方面通过影响知识、信念和可获得性间接影响直觉系统的处理,另一方面直接影响理性系统处理。通过调节和合理利用双加工理论,可以帮助审计师以新的思考方式审查企业业务,从而提高审计质量。在企业的财务信息披露中,双加工理论也发挥了作用,披露的语言文字的积极语气作为一种属性框架现象,可以激发投资者对公司形象的感知,从而进一步影响投资者对企业当前和未来状况的判断。

2.3 本章小结

一方面本章从非财务信息披露的内容与形式、动机、影响因素、经济后果以及披露质量的度量方法五个方面对现有文献进行了梳理、归纳和评述,发现目前基于语言转向的非财务信息披露的研究主要集中在社会责任信息披露、环境信息披露、管理层讨论与分析等方面,而对于信用信息披露、ESG信息披露以及视觉转向的非财务信息披露的相关研究亟待进一步丰富和拓展;另一方面本章阐述了信息不对称理论、委托代理理论、信号传递理论、信誉理论、双重态度理论以及双加工理论,为后文的研究提供了理论基础和文献支持。

第 3 章 公司年报非财务信息披露现状研究

本章将从语言转向和视觉转向两个维度分析当前时代背景和信息环境下,非财务信息披露的企业实践现状。在语言转向视角下,文本信息逐渐成为企业信息披露中更为丰富的内容,语言元素的披露内容具体包括环境信息披露、社会责任信息披露、ESG信息披露、管理层讨论与分析、信用信息披露和其他披露等内容;除了语言本身承载的信息外,可读性、语调等语言元素的特征也会影响信息使用者对企业披露信息的解读,因而本章在披露内容之后叙述了可读性和语调两大关键语言特征的发展现状。在视觉转向视角下,企业使用各类视觉元素补充或替代语言文字作为会计信息的另一维度载体进行披露的形式也越来越受重视,视觉元素主要包括数据的可视化图表以及高管照片等额外信息,本章主要讨论以高管照片为代表的视觉图像披露现状。

3.1 非财务信息披露的语言转向和视觉转向

近年来,由于市场竞争的日益激烈以及投资者信息需求的不断增长,年报中以定性信息为主的非财务信息的重要性越发凸显,大量企业在其年报中会用较大的篇幅来披露其非财务信息。而企业披露的非财务信息以具有叙述功能的文本信息为主,辅之以可视化图表和高管照片等视觉图像信息,即出现了语言转向和视觉转向。

语言转向即年报中起到叙述功能的语言信息逐渐成为企业信息披露中更为重要的存在,对语言信息进行分析是语言转向最显著的特征,现有对语言信息披露的研究多集中在语言元素的内容和特征方面。语言元素的内容包括经营情况讨论与分析、重要事项、股份变动及股东情况、公司治理结构等方面,这些信息可以为投资者提供有关公司管理层的心态、愿望、意识形态和战略思考,同时也反映了影响公司当前业绩和未来前景的因素,为信息使用者提供了有用的增量信息。具体来看,语言信息的披露内容可以分为提供企业环境保护责任履行情况的环境信息披露,展示企业社会责任履行情况的社会责任信息披露,有关企业当前和未来发展战略的战略信息披露,综合了企业在环境保护、社会责任与关系、公司治理机制三方面信息的 ESG 信息披露,传递企业当前经营状况和未来发展前景的管理层讨论与分析,以及反映企业的守信能力、守信意愿、守信表现的信用信息披露,企业的非财务信息披露内容应当兼顾以上六个部分,全面、综合地向信息使用者传递公司的特质信息。在文本信息披露中,不仅披露内容会对企业及其利益相关者产生影响,披露语言的特征也会发挥非常重要的作用,对语言元素特征的研究主要聚焦于文本可读性、可理解性、自利性、语言表述的情感倾向(语调)等方面,其中,可读性和语调作为语言元素的关键特征,在很大程度上影响着投资者对企业的情感体验和信任感知,进而影响投资决策。因而当前许多企业在进行文本信息披露时更加注重语言的可理解性及其隐含的情感倾向,尽量提高文本信息的可读性和尽可能地采用相对积极的语调来影响投资者对企业的感知,使企业获得发展机会。

日益激烈的市场竞争对企业的信息披露提出了更高的要求,同时科学技术的发展也使得视觉形式逐渐成为信息的主要表现形式。在此背景下,企业在披露非财务信息时使用各类视觉元素来补充或替代文本信息成为一种新的趋势,这种转变被称为会计信息的视觉转向。视觉转向强调视觉图像在信息披露中的作用,其作为公司年报的一部分,可以传递管理信息,反映和构造组织文化和价值观,帮助塑造公司的专业性、正直性和全面性,增强文本信息的效用。年报中的视觉图像信息具体包括示意图、可视化图表、人物照片(以高管照片为主)等,其中高管照片备受投资者和研究学者的关注。高管照片体现的高管视觉肖像反映了高管的外表、衣着、人际、空间等维度的信息,在年报中植入高管照片能够吸引投资者的关注,通过照片的形式展示公司高管的外在形象,来影响投资者的情感倾向和信任感知,从而对投资者的意愿和行为产生影响。尽管展示高管的良好形象具有诸多好处,且中国证监会明确提出公司年报可以采用图文并茂的形式,刊载宣传本公司的照片,但是在我国上市公司年报中仍然少见高管照片的披露,更常见的是可视化图表,这种图表虽然不如高管照片会那么强烈地影响投资者的感受,但也能够更直观地展示企业的信息,提高投资者获取信息的效率,从而提高决策效率。总而言之,我国上市公司信息披露的视觉转向尚有很大的提升空间,今后可以在年报中适当披露高管照片等视觉图像信息,以获得更多的投资与支持。

3.2 基于语言转向的非财务信息披露现状

非财务信息中的语言元素作为公司年报中不可或缺的重要组成部分,承载着丰富的信息,语言元素的内容主要涵盖了企业经营状况、社会责任、公司治理、守信情况等方面的信息,能够帮助信息使用者预测公司的未来业绩和风险,为企业的利益相关者提供有用的增量信息。

众多学者对年报中语言元素的内容进行了深入的研究。具体来说,我们将非财务信息语言形式披露的内容分为环境信息、社会责任信息、战略信息、ESG 信息、管理层讨论与分析、信用信息六个部分,并对这六个方面内容的披露现状进行详细阐述。

3.2.1 上市公司环境信息披露

企业在生产经营的过程中,需要承担保护生态环境的责任,并且需要通过语言形式向信息需求方提供有关企业环境保护责任履行情况的信息,即进行环境信息披露。近年来,国家相关机构对上市公司环境信息的披露越发重视,相继出台了多个政策文件以加强上市公司环境信息披露的制度规范,在严格的政策环境和越发激烈的市场竞争的双重压力下,我国上市公司年报中环境信息披露的水平不断提高。同时,随着相关政策的出台,体现企业碳管理活动情况的碳信息披露也越发受到企业的重视。

一、上市公司环境信息披露政策沿革

上市公司作为重要的市场主体,需要履行环境保护的责任,为规范和监督上市公司在环境保护方面的工作,规避由上市公司环保工作滞后或运营过程中对环境产生不良影响而带来的市场风险,自 1997 年起,监管部门就陆续出台了规范上市公司环境信息披露的相关政策文件。1997 年,中国证监会发布了《公开发行证券公司信息披露内容与格式准则第 1 号——招股说明书》,要求上市公司报告其投资项目在环保方面的风险。2001 年,中国证监会发布的《公开发行证券公司信息披露内容与格式准则第 9 号——首次公开发行股票的申请文件》明确指出,股票发行人要对其业务及募股资金拟投资项目是否符合环保要求进行说明。2003 年,国家环保总局出台了《关于企业环境信息公开的公告》,要求重污染企业定期公布企业环境保护方针、污染物排放总量、环境污染治理、环保守法记录、环境管理措施等信息,其余企业遵循自愿披露原则。2007 年,国家环保总局出台了《环境信息公开办法(试行)》,指出企业应当按照自愿公开与强制性公开相结合的原则,及时、准确地公开企业环境信息。2008 年,上海证券交易所发布了《上海证券交易所上市公司环境信息披露指引》,规定了强制和自愿披露环境信息的公司范围和披露内容,以指导上海证券交易所上市公司的环境信息披露。2009 年,中国证监会发布了《公开发行证券的公司信息披露内容与格式准则第 29 号——首次公开发行股票并在创业板上市申请文件》,要求股票发行人在提交公司财务资料的同时一并附上环境保护的相关文件,并规定了重污染企业需披露的环境信息。2010年,环境保护部发布了《上市公司环境信息披露指南(征求意见稿)》(以下简称《指南》),《指南》规定上市公司应及时、准确、完整地披露其环境信息,并要求重污染公司定期披露污染物排放情况、环境守法情况及环境管理措施等信息。2014年,环境保护部公布了《企业事业单位环境信息公开办法》,指出企业事业单位应当按照强制公开和自愿公开相结合的原则,及时、如实地公开其环境信息,并明确规定了重点排污单位的范围及其应披露的信息。2017年,中国证监会在《公开发行证券的公司信息披露内容与格式准则第2号(第3号)——年度(半年度)报告的内容与格式(2017年修订)》中要求重点排污单位必须披露环境信息,同时鼓励其他公司自愿披露。2021年,生态环境部先后出台了《环境信息依法披露制度改革方案》和《企业环境信息依法披露管理办法》,提出了建立健全环境信息依法强制性披露规范要求、建立环境信息依法强制性披露协同管理机制、健全环境信息依法强制性披露监督机制和加强环境信息披露法制化建设的主要任务,明确了环境信息依法披露主体以及依法披露内容。上市公司环境信息披露政策沿革如图3-1所示。

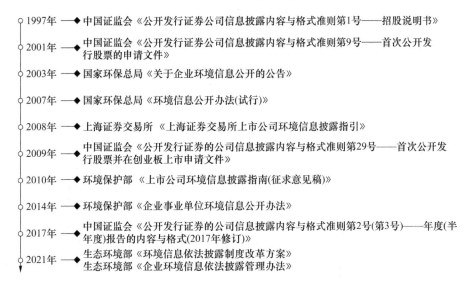

图 3-1　上市公司环境信息披露政策沿革

从上述政策中可以看出,国家相关机构对于上市公司的环境信息披露非常重视,通过考察上市公司近年来的环境信息披露情况,发现我国上市公司积极响应国家政策,遵循了相关政策的规定,在年报中尽可能地披露环境信息。本书整理了2012—2021年我国上市公司年报中披露环境信息的情况,据此总结了近十年来年报中披露环境信息的公司数量、披露内容与披露形式等,从而判断近年来我国上市公司年报中环境信息披露的质量和水平。

二、环境信息披露的上市公司数量分析

近年来我国在年报中披露环境信息的上市公司数量持续增长,由表3-1和图3-2可以看出,从2012年的1 423家逐年增长到2021年的4 528家,且披露环境信息的上市公司数量占上市公司总数的比例也总体上呈增长趋势,这十年占比均在50%以上,从2017年起达到了90%以上的水平,这表明越来越多的上市公司可能出于缓解信息不对称、获得更多资源和支持等目的,越发重视在年报中进行环境信息披露。

表3-1 2012—2021年中国上市公司年报环境信息披露情况

年份	上市公司总数	在年报中披露环境信息的上市公司数量	占比	增长率
2012	2 492	1 423	57.10%	7.23%
2013	2 489	1 805	72.52%	26.84%
2014	2 612	1 843	70.56%	2.11%
2015	2 827	1 859	65.76%	0.87%
2016	3 050	2 544	83.41%	36.85%
2017	3 485	3 206	91.99%	26.02%
2018	3 582	3 312	92.46%	3.31%
2019	3 773	3 466	91.86%	4.65%
2020	4 147	3 908	94.24%	12.75%
2021	4 690	4 528	96.55%	15.86%

数据来源:国泰安数据库。

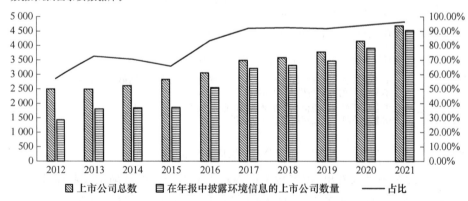

图3-2 2012—2021年在年报中披露环境信息的上市公司数量及其占比
(数据来源:国泰安数据库。)

三、环境信息披露的具体内容分析

从收集到的环境信息披露内容的相关数据来看,上市公司年报中披露的环境信息具体包括环境管理、环保监管与认证、环境负债、环境业绩与治理、环保投资等内容,其中,环境管理包含企业的环保理念、环保目标、环保管理制度体系、环保教育与培训、环保专项行动、环保事件应急机制、环保荣誉与奖励、"三同时"制度等内容;环境监管与认证涉及污染物排放是否达标、突发环境事故、环境违法事件、环境信访案件等信息的披露;环境负债则主要关注企业的废水、废气、烟尘粉尘、工业固废物等的产生量与排放量;环境业绩与治理部分披露企业对废水、废气、固废物等的治理情况以及清洁生产的情况;环保投资部分统计了企业在履行环境保护责任时投入的各项资金。由表3-2和图3-3可知,2012—2021年这十年间,披露环境管理、环境监管与认证、环境负债、环境业绩与治理的公司数量逐年增多,且在年报中披露环境信息的上市公司都披露了环境监管与认证信息。表3-3列出了2012—2021年重点污染监管单位的环境监管达标情况,可知这十年来重点污染监管单位中达标的上市公司比重均在95%以上,绝大部分的重点污染监管单位能做到污染物排放达标、无突发环境事故、无环境违法事件、无环境信访案件,可见上市公司尤其是重点污染监管的上市公司对环境保护与治理的重视程度较高。而对于环保投资的披露,以2016年为界,2012—2016年披露环保投资的公司数量逐年上升,2016—2021年则总体上呈下降趋势,且根据统计可知这十年披露环保投资的上市公司数量较少,排除存在缺失值的可能并综合其他信息的披露情况来看,上市公司更倾向于披露定性的环境信息,对于定量的环境信息的披露较少,可能的原因是定量的环境信息的操纵空间较小。由图3-4可知,除环保投资外其他环境信息全部披露的上市公司,近十年来总体上呈上升趋势,这些上市公司占披露环境信息的上市公司总数的比例也从2012年的32.12%上升到了2021年的55.50%,可见越来越多的上市公司重视提高环境信息披露的水平,以展示上市公司良好的形象,获得更多的投资与支持。

表3-2 2012—2021年上市公司年报中披露环境信息的内容

年份	在年报中披露环境信息的上市公司数量	在年报中披露环境管理信息的上市公司数量	在年报中披露环境监管与认证信息的上市公司数量	在年报中披露环境负债信息的上市公司数量	在年报中披露环境业绩与治理信息的上市公司数量	在年报中披露环保投资信息的上市公司数量	除环保投资信息外全部披露的上市公司数量
2012	1 423	776	1 423	585	659	28	457
2013	1 805	961	1 805	688	783	39	553

续 表

年份	在年报中披露环境信息的上市公司数量	在年报中披露环境管理信息的上市公司数量	在年报中披露环境监管与认证信息的上市公司数量	在年报中披露环境负债信息的上市公司数量	在年报中披露环境业绩与治理信息的上市公司数量	在年报中披露环保投资信息的上市公司数量	除环保投资信息外全部披露的上市公司数量
2014	1 843	985	1 843	729	828	57	563
2015	1 859(其中,58家公司数据缺失)	1 084	1 859	798	900	91	644
2016	2 544	1 258	2 544	968	1 060	362	745
2017	3 206	1 737	3 206	1 328	1 478	205	1 107
2018	3 312	2 149	3 312	1 641	1 785	166	1 458
2019	3 466	2 308	3 466	1 829	1 984	136	1 599
2020	3 908	2 484	3 908	1 957	2 080	126	1 626
2021	4 528	3 426	4 528	2 823	3 000	196	2 513

数据来源:国泰安数据库。

表 3-3　2012—2021 年重点污染监管单位的环境监管达标情况

年份	重点监管单位数量	达标数量	达标占比
2012	59	58	98.31%
2013	96	94	97.92%
2014	190	188	98.95%
2015	171	166	97.08%
2016	366	361	98.63%
2017	655	644	98.32%
2018	1 099	1 056	96.09%
2019	1 209	1 177	97.35%
2020	971	957	98.56%
2021	1 597	1 534	96.06%

数据来源:国泰安数据库。

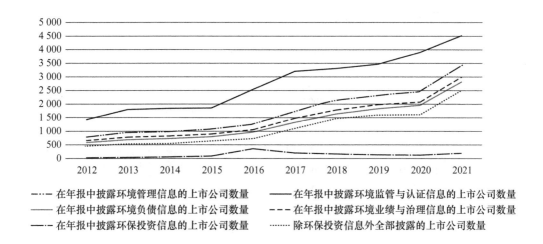

图 3-3 2012—2021 年各项环境信息披露的上市公司数量

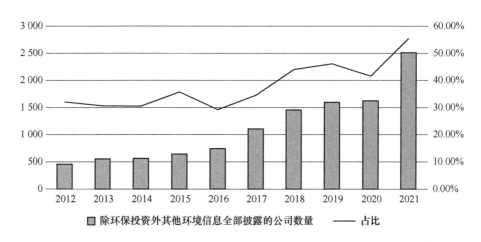

图 3-4 2012—2021 年除环保投资外其他环境信息全部披露的公司数量及其占比

从表 3-2 和图 3-4 可以看出,2021 年我国上市公司环境信息披露的水平有了较大程度的提升,更是有超过半数的上市公司披露了较为全面的环境信息,因此我们基于 2021 年上市公司披露环境信息的情况绘制了雷达图,从图 3-5 可知,2021 年在年报中披露环境信息的上市公司都披露了环境监管与认证信息,超过 75% 的上市公司披露了环保理念、环保管理制度体系等环境管理信息,近 70% 的上市公司披露了其对污染物的治理情况,约 60% 的上市公司披露了其污染物排放情况,只有不到 5% 的上市公司披露了其在环保保护过程中的投入情况。除环保投资外,2021 年披露各项信息的上市公司占比均达到了50%以上。

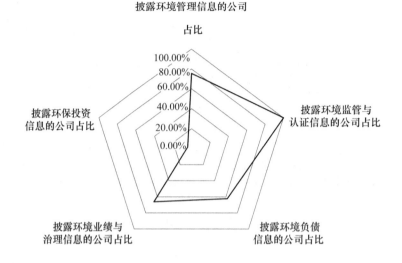

图3-5 2021年上市公司披露环境信息的情况

四、环境信息披露的方式

我国上市公司年报中披露环境信息的主要形式包括定性披露和定量披露。根据上述对环境信息披露内容的分析,可以看出,环境管理、环境监管与认证等以定性披露为主的信息披露数量较多,占比较高,定量的环保投资信息披露数量少,且增长缓慢。环境负债信息和环境业绩与治理信息既包含定性披露,也包含定量披露,通过收集这两种信息披露形式的相关数据,本书发现披露这两种信息的上市公司数量较多,且多以纯粹的定性披露为主。具体而言,表3-4和图3-6展示了2012—2021年我国上市公司环境负债信息的披露形式及其占比的基本情况,发现这十年来披露环境负债信息的上市公司多以纯粹的定性披露为主,基本上占50%以上,但这十年来总体上呈下降趋势;只涉及定量披露的上市公司很少,约占10%~20%,且增长不明显,波动较为频繁;涉及定性和定量混合披露形式的上市公司较仅涉及定量披露的上市公司多,且占比从2012年的16.92%上涨到2021年的32.31%,总体涨幅较大。可见,我国上市公司对环境负债信息的披露多以定性披露为主,但近年来也在努力降低定性披露的比例,提高定性与定量混合披露的比例。

表 3-4 2012—2021 年我国上市公司环境负债信息的披露形式

年份	披露环境负债信息的上市公司数量	纯定性披露的上市公司数量	纯定量披露的上市公司数量	定性与定量混合披露的上市公司数量
2012	585	416	70	99
2013	688	502	82	104
2014	729	560	64	105
2015	798	585	83	130
2016	968	625	141	202
2017	1 328	724	282	322
2018	1 641	815	370	456
2019	1 829	905	346	578
2020	1 957	1 020	447	490
2021	2 823	1 473	438	912

数据来源：国泰安数据库。

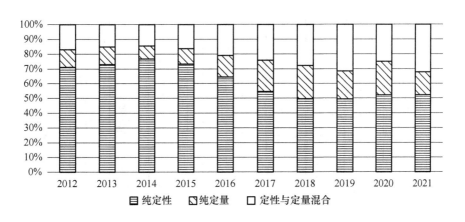

图 3-6 2012—2021 年我国上市公司环境负债信息的披露形式占比

表 3-5 和图 3-7 体现了 2012—2021 年我国上市公司环境业绩与治理信息的披露形式及其占比情况，这十年来我国上市公司对环境业绩与治理信息的披露多以纯粹的定性披露为主，且这十年来比重波动不大，基本稳定在 64% 左右；只进行定量披露的上市公司较少，比重总体上呈下降趋势，从 2012 年的 9.1% 下降到 2021 年的 4.83%；定性与定量混合披露的上市公司比重在 25%～30% 之间，这十年来虽总体上呈上升趋势，但增幅不大。可见，我国上市公司对环境业绩与治理信息的披露多以定性披露为主，定量披露较少且呈下降趋势。

表 3-5 2012—2021 年我国上市公司环境业绩与治理信息的披露形式

年份	披露环境业绩与治理信息的上市公司数量	纯定性披露的上市公司数量	纯定量披露的上市公司数量	定性与定量混合披露的上市公司数量
2012	659	423	60	176
2013	783	487	77	219
2014	828	544	79	205
2015	900	582	69	249
2016	1 060	652	96	312
2017	1 478	995	96	387
2018	1 785	1 124	116	545
2019	1 984	1 283	105	596
2020	2 080	1 372	118	590
2021	3 000	1 942	145	913

数据来源:国泰安数据库。

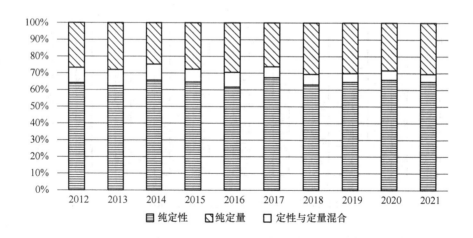

图 3-7 2012—2021 年我国上市公司环境业绩与治理信息的披露形式占比

综合上述对环境信息披露形式的分析来看,我国上市公司更倾向于以定性披露的形式在年报中披露环境信息,如披露定性的环境管理、环境监管与认证信息,在对环境负债和环境业绩与治理信息的披露上更多地采用定性披露的形式,虽然也在努力地提高定量披露的水平,但是纯粹的定量披露信息较少,仍然以定性披露和定性与定量相结合这两种披露形式为主。定性披露的信息质量和可靠性较难衡量,因而这种披露特征可能会为上市公司操纵环境信息以实现印象管理提供契机。

五、总结

通过对我国上市公司2012—2021年环境信息披露的情况进行统计与分析,可以看出,我国在年报中披露环境信息的上市公司不断增多,披露内容也逐渐丰富和完整,重点污染监管单位的环境达标情况也比较乐观,总体而言我国上市公司近年来环境信息披露的水平和质量有较大的提升,这充分迎合了十九大提出的"坚持人与自然和谐共生,践行绿水青山就是金山银山"的理念,同时也体现了我国上市公司对碳排放量及排放设施、环境污染治理、环境问题应急策略、环境管理措施等环境信息披露的重视程度不断提高,以期改善与外部利益相关者之间的信息不对称问题,向投资者展示良好的企业形象,在激烈的市场竞争中获得更多资源和机会。虽然在年报中披露环境信息的上市公司不断增多,但仍有部分上市公司尚未在年报中体现其环境保护的基本情况,且上市公司对环境信息的披露多以定性披露为主,定量披露较为缺乏,因而存在较大的信息操纵空间,上市公司可能会通过操控披露信息的语言特征来实现印象管理或其他自利动机。今后,上市公司应当不断提高其环境信息披露的质量和水平,相关监管部门也应当继续加强监管措施,从而切实发挥我国上市公司环境信息披露的效能。

3.2.2 上市公司社会责任信息披露

企业作为社会生产的基本单位,不仅要实现企业自身的盈利目标,还要承担许多社会责任。企业社会责任信息披露能够系统反映企业履行社会责任的理念、战略、方式方法,是利益相关者了解和评价企业社会责任履行情况的有效途径,企业披露适当的、高质量的社会责任信息,能够向外界展示良好的社会形象,提升企业声誉,从而获得更多资源。为了规范我国上市公司社会责任信息披露,我国相关部门和监管机构出台了各项政策文件,为上市公司的社会责任信息披露提供了良好的制度环境,在此背景下,我国上市公司近年来在年报中披露社会责任信息的数量不断增多,披露内容也逐渐丰富。

一、上市公司社会责任信息披露政策概述

从21世纪初,相关机构就开始对企业社会责任信息披露进行规范。2004年,深圳证券交易所就提出了上市公司社会责任信息披露问题,要求加强我国上市公司的自愿性披露,增强企业对社会责任的重视。2006年,深圳证券交易所发布了《深圳证券交易所上市公司社会责任指引》,规定了企业社会责任信息披露的内容,强调上市公司的社会责任包括股东和债权人权益保护,职工权益保护,供应商、客户和消费者权益保护,环境保护与可持续发展,公共关系和社会公益事业等方面。2008年,国务院国有资产监督管理委员会印发了《关于中央企业履行社会责任的指导意见》,要求有条件的央企定期披露企业的社会责任信息。同年,上海证券交易所发布的《关于做好上市公司2008年履行社会责任的报告及内部控制自我评估报告披露工作的通知》明确要求部分企业在2009年披露其社会责任信息。2009年,中国社会科学院经济学部企业社会责任研究中心基于国际通用标准和先进实践,编写了《中国企业社会责任报告编写指南(CASS-CSR 1.0)》,该指南提出了企业披露社会责任信息的逻辑架构和通用指标体系,并对46个行业提出了具体指导意见。同年8月,上证社会责任指数由上海证券交易所和中证指数有限公司联合制定并对外发布,用以规范沪市上市公司的社会责任信息披露。2010年,深圳证券交易所规定纳入"深圳100指数"的上市公司应按照深圳证券交易所发布的《深圳证券交易所上市公司规范运作指引》来披露社会责任信息。2018年,中国证监会出台了《上市公司治理准则》,该准则将企业社会责任归纳为利益相关者、环境保护和社会责任,规定上市公司应承担对股东、债权人、员工、顾客、供应商和社区等利益相关者的社会责任,尊重和维护其合法权益。2021年,中国证监会修订了《公开发行证券的公司信息披露内容与格式准则第2号——年度报告的内容与格式》,明确指出了上市公司应披露环境与社会责任的相关内容。以上政策文件的发布体现了企业社会责任信息披露制度与规范的逐渐完善,促使我国上市公司社会责任信息披露的水平和质量有所提升。

二、上市公司社会责任信息披露现状

政策环境与日益激烈的竞争促进了我国上市公司的社会责任信息披露,为了探究我国上市公司年报中社会责任信息披露的现状,本书从国泰安数据库收集了近十年在年报中披露社会责任信息的公司数量、披露性质及披露内容等相关数据,发现我国上市公司在年报中披露社会责任信息的数量增多,比重提高,且绝大多数为自愿披露,披露内容较为丰富。

1. 披露数量

在披露数量方面,由表3-6可知,2012—2021年在年报中披露社会责任信息的上市公司数量逐年增多,从图3-8也可以直观地感受到,披露的公司数量占总样本的比重虽有所波动,但总体呈上升趋势,从2012年的73.68%上升到2021年的78.42%,上升幅度较小,但这十年在年报中披露社会责任信息的公司数量基本上都在72%以上,可见我国上市公司大多都重视在企业年报中披露社会责任信息。在披露性质方面,由表 3-7 和图 3-9 可知,2012—2021 年我国上市公司年报中的社会责任信息披露大多为自愿披露,这十年自愿披露社会责任信息的上市公司数量占披露公司总数的 98％以上,只有 1％左右的上市公司遵循治理、金融、境外、深圳 100 指数等模块进行应规性披露;从趋势上来说,这十年自愿披露和应规披露的公司数量均在增多,自愿披露的公司比重略有下降,应规披露的公司比例略有上升。

表 3-6　2012—2021 年在年报中披露社会责任信息的上市公司数量及其比重

年份	总样本	在年报中披露社会责任信息的上市公司数量	比重
2012	2 489	1 834	73.68％
2013	2 534	1 848	72.93％
2014	2 646	1 933	73.05％
2015	2 836	2 075	73.17％
2016	3 129	2 320	74.15％
2017	3 503	2 631	75.11％
2018	3 608	2 663	73.81％
2019	3 811	2 793	73.29％
2020	4 254	3 124	73.44％
2021	4 213	3 304	78.42％

数据来源:国泰安数据库。

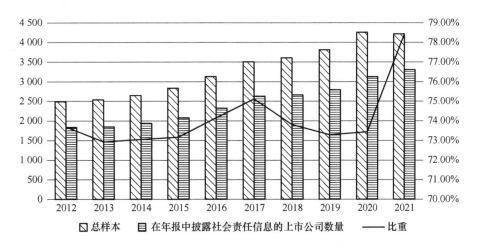

图 3-8　2012—2021 年在年报中披露社会责任信息的上市公司数量及其比重

表 3-7　2012—2021 年我国上市公司年报中社会责任信息的披露性质

年份	在年报中披露社会责任信息的上市公司数量	自愿披露		应规披露	
		数量	占比	数量	占比
2012	1 834	1 830	99.78%	4	0.22%
2013	1 848	1 839	99.51%	9	0.49%
2014	1 933	1 922	99.43%	11	0.57%
2015	2 075	2 064	99.47%	11	0.53%
2016	2 320	2 305	99.35%	15	0.65%
2017	2 631	2 609	99.16%	22	0.84%
2018	2 663	2 638	99.06%	25	0.94%
2019	2 793	2 766	99.03%	27	0.97%
2020	3 124	3 090	98.91%	34	1.09%
2021	3 304	3 265	98.82%	39	1.18%

数据来源:国泰安数据库。

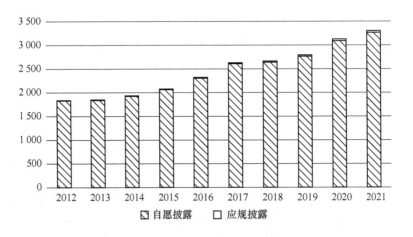

图 3-9　2012—2021 年我国上市公司年报中社会责任信息的披露性质

2. 披露内容

在披露内容方面,如表 3-8 和图 3-10 所示,根据我们从国泰安数据库搜集到的 2012—2021 年我国上市公司年报中社会责任的基本信息和相关数据可知,我国上市公司年报中社会责任信息披露的内容具体包括年度纳税总额、每股社会贡献值、社会捐赠额、股东、债权人、职工、供应商、客户等利益相关者的权益保护情况,以及环境和可持续发展、公共关系和社会公益事业、社会责任制度建设及改善措施、安全生产、公司存在的不足等社会责任相关事项。其中,每股社会贡献值界定为在公司为股东创造的基本每股收益的基础上,增加公司年内为国家创造的税收、向员工支付的工资、向债权人给付的借款利息、公司对外捐赠额等为其他利益相关者创造的价值额并扣除公司因环境污染等造成的其他社会成本所形成的公司为社会创造的每股增值额。这十年在年报中社会责任部分披露纳税总额和每股社会贡献值的公司数量很少,社会捐赠额的披露数量较少但总体上增长较快,有关股东、债权人、职工、供应商、客户等利益相关者的权益保护情况以及环境和可持续发展、公共关系和社会公益事业、安全生产等相关事项披露的公司数量较多,且这十年来有较快的增长,而这十年来披露社会责任制度建设及改善措施和安全生产相关事项的公司数量很少。可见,在政策和市场的要求和驱动下,我国上市公司在年报中披露社会责任信息的内容涵盖范围较广,但内容的丰富和完善程度仍需进一步加强。

表 3-8　2012—2021 年我国上市公司年报中社会责任信息的披露内容

年份	2012	2013	2014	2015	2016	2017	2018	2019	2020	2021
在年报中披露社会责任信息的上市公司数量	1 834	1 848	1 933	2 075	2 320	2 631	2 663	2 793	3 124	3 304
披露年度纳税总额信息的上市公司数量	32	33	33	45	49	58	47	43	31	39
披露每股社会贡献值信息的上市公司数量	3	1	1	1	1	0	0	1	1	0
披露社会捐赠额信息的上市公司数量	74	78	67	75	134	251	235	258	558	512
披露股东权益保护情况的上市公司数量	700	798	815	860	1 267	1 571	1 673	1 784	2 118	2 456
披露债权人权益保护情况的上市公司数量	594	682	713	728	1 064	1 351	1 400	1 559	1 879	2 191
披露职工权益保护情况的上市公司数量	920	1 013	1 014	1 052	1 494	1 832	1 915	2 048	2 432	2 750
披露供应商权益保护情况的上市公司数量	460	529	543	551	701	923	955	1 123	1 415	1 731
披露客户权益保护情况的上市公司数量	646	723	738	779	1 090	1 288	1 347	1 481	1 827	2 129
披露环境和可持续发展事项的上市公司数量	915	1 115	1 084	1 154	1 692	2 132	2 206	2 486	2 844	3 101

续表

年份	2012	2013	2014	2015	2016	2017	2018	2019	2020	2021
披露公共关系和社会公益事业事项的上市公司数量	711	1 036	888	845	1 544	1 752	1 996	1 999	2 765	2 745
披露社会责任制度建设及改善措施事项的上市公司数量	29	40	27	26	40	20	20	70	26	6
披露安全生产事项的上市公司数量	626	712	737	751	1 049	1 081	1 141	1 001	1 794	1 631
披露公司存在的不足事项的上市公司数量	3	11	8	2	6	10	7	10	5	6

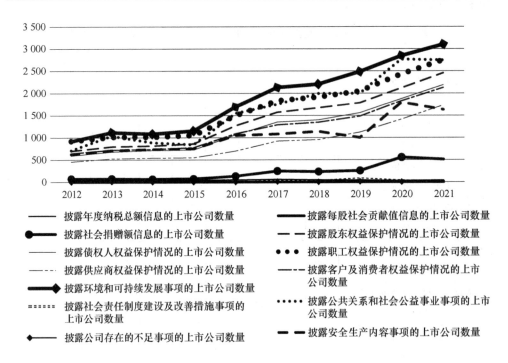

图 3-10　2012—2021 年我国上市公司年报中社会责任信息的披露内容

三、总结

通过梳理我国上市公司社会责任信息披露的相关政策，并对 2012—2021 年上市公司年报中披露社会责任信息的基本情况进行数据收集和分析，发现我国上市公司大多能够在制度环境下响应相关政策，在年报中自愿披露有关利益相关者的权益维护、环境和可持续发展、公共关系和公益事业等社会责任信息，且有越来越多的企业在年报中披露其社会责任信息,以期通过展示企业社会责任履行情况来对外传递企业的良好形象,吸引更多的投资与支持。然而,自愿披露使得企业对于披露内容有较大的自由裁量权,因而目前上市公司年报中的社会责任信息披露内容仍有待进一步地丰富与完善。

3.2.3 上市公司 ESG 信息披露

如前所述,ESG 信息包含企业在环境(Environment)、社会(Social)和治理(Governance)三个方面的表现。ESG 这一概念首次出现于联合国全球契约的研究报告中,2012 年香港联合交易所发布了面向上市公司的《环境、社会及管治报告指引》,鼓励上市公司披露 ESG 信息,2017 年开展的中英经济财金对话使得 ESG 信息披露开始在中国内地发展起来。近年来,为了促进国内 ESG 的发展,相关机构发布了多个政策文件,以期有序建立 ESG 体系,这种制度环境促进了国内上市公司 ESG 信息披露的规范化,也推动了我国上市公司积极提高年报中的环境、社会责任、治理结构等信息的水平。

一、上市公司 ESG 信息披露的相关政策

近年来,ESG 信息披露在我国企业中兴起,监管机构出台了一系列政策文件指引我国上市公司的 ESG 信息披露。2006 年,深圳证券交易所发布了《深圳证券交易所上市公司社会责任指引》,要求上市公司在追求经济利益的同时,积极履行环境保护责任(E)、保护利益相关者的合法权益(S)、完善公司治理结构(G)等;2018 年,中国证监会修订了《上市公司治理准则》,首次确立了企业 ESG 信息披露的基本框架,并规定上市公司应依法依规披露环境(E)、社会责任(S)和公司治理(G)的相关信息;2021 年,中国证监会修订的《公开发行证券的公司信息披露内容与格式准则第 2 号——年度报告的内容与格式》文件,规定上市公司应将公司治理作为独立章节进行披露,并对上市公司的 ESG 信息披露提出了系统要求。2022 年,上海证券交易所发布的《上海证券交易所上市公司自律监管指南第 2 号——业务办理》,要求上市公司应按规定披露其 ESG 信息,并发布了《上海证券交易所关于发布上海证券交易所科创板上市公司自律监管指引第 1 号至第 3 号的通知》来鼓励科创公司披露 ESG 信息。这一系列的政策促使我国上市公司积极提高其环境、社会和治理信息的披露水平。

二、上市公司 ESG 信息披露的现状

1. 环境信息披露

我国上市公司年报中涉及的 ESG 信息一般是从环境、社会责任和治理结构三个方面分别叙述的。在环境信息披露方面,通过搜集和分析 2012—2021 年我国上市公司年报中环境信息披露情况的相关数据,我们发现,我国上市公司年报中的环境信息披露数量不断增多,披露内容也逐渐丰富和完整,具体体现在这十年来我国在年报中披露环境信息的上市公司数量持续增长,且披露环境信息的公司数量占上市公司总样本的比重总体上升。上市公司在年报中披露的环境信息包括环境管理、环境监管与认证、环境负债、环境业绩与治理等,这些信息主要以定性披露的形式呈现。这十年来越来越多的上市公司尽可能地在年报中完善这些方面的内容,并努力降低定性披露的比例,提高定性与定量混合披露的比例。此外,重点污染监管单位环境监管信息达标的比例这十年来均保持在95%以上。可见,我国大多上市公司积极承担环境保护的责任,并努力提高其年报中的环境信息披露水平。

2. 社会责任信息披露

上市公司年报中的社会责任信息也属于企业 ESG 信息披露的表现。通过对 2012—2021 年我国上市公司年报中的社会责任信息相关数据进行搜集与分析,发现这十年来我国在年报中披露社会责任信息的上市公司数量逐年增加,且披露的上市公司数量占总样本的比重总体上呈上升趋势。按照监管部门的规定,上市公司披露的社会责任信息的具体内容包括对股东、债权人、职工、供应商、客户等利益相关者的权益保护情况,年度纳税总额,每股社会贡献值,社会捐赠额,公共关系和社会公益事业、环境和可持续发展、社会责任制度建设及改善措施等社会责任相关事项。相关数据显示,我国上市公司大多自愿披露有关利益相关者的权益保护情况以及环境和可持续发展、公共关系和社会公益事业、安全生产等,对年度纳税总额、每股社会贡献值、社会责任制度建设及改善措施等方面的内容有待进一步完善。

3. 治理结构信息披露

上市公司年报中的 ESG 信息还应包含有关公司的股东、董事、总经理等主体的基本情况,以体现出公司内部治理结构。我们从国泰安数据库搜集并整理了 2012—2021 年我国上市公司年报中披露的有关公司内部治理结构的基本信息和数据,发现我国上市公司均会在其年报中披露公司治理结构的综合信息,这些信息涵盖了股东、董事、总经理、员工等公司治理结构主体,如表3-9所示。其中,有关股东的信息包括

股本结构是否变化、股东总数、前十大股东是否存在关联等,有关董事的信息包括董事长持股数量、董事长持股比例、董事长与总经理兼任情况、独立董事与上市公司工作地点一致性等,有关总经理的信息包括总经理持股数量、总经理持股比例等,有关员工的信息包括员工人数、离退休职工人数,以及年薪披露方式、委员会设立总数等其他公司治理事项。此外,在2013年、2014年、2016年、2017年这四年中,有几家上市公司在其年报中还披露了董事长与总经理变更的相关信息。可见,我国上市公司对年报中的治理结构信息披露比较重视,披露内容较为完善。

表3-9 2012—2021年我国上市公司年报中治理结构信息披露内容及数量

年份	2012	2013	2014	2015	2016	2017	2018	2019	2020	2021
总样本数量	2 492	2 536	2 652	2 842	3 136	3 513	3 607	3 814	4 264	4 774
披露治理结构综合信息的上市公司数量	2 492	2 536	2 652	2 842	3 136	3 513	3 607	3 814	4 264	4 774
披露股本结构是否变化的上市公司数量	2 492	2 532	2 649	2 842	3 136	3 513	3 607	3 814	4 264	4 774
披露股东总数的上市公司数量	2 492	2 536	2 652	2 842	3 135	3 512	3 606	3 812	4 263	4 774
披露前十大股东是否存在关联的上市公司数量	2 492	2 535	2 652	2 842	3 136	3 513	3 607	3 814	4 264	4 770
披露员工人数的上市公司数量	2 491	2 533	2 651	2 842	3 136	3 513	3 606	3 814	4 263	4 773
披露离退休职工人数的上市公司数量	2 016	1 961	1 969	2 542	2 963	3 307	3 381	3 585	3 965	4 422
披露董事长与总经理兼任情况的上市公司数量	2 478	2 517	2 623	2 810	3 088	3 463	3 540	3 757	4 184	4 681
披露年薪披露方式的上市公司数量	2 492	2 536	2 652	2 842	3 135	3 513	3 607	3 814	4 263	4 769
披露委员会设立总数的上市公司数量	2 492	2 536	2 652	2 842	3 136	3 513	3 607	3 814	4 264	4 772
披露独立董事与上市公司工作地点一致性的上市公司数量	2 492	2 536	2 652	2 842	3 136	3 512	3 606	3 812	4 264	4 751
披露董事长持股数量的上市公司数量	2 491	2 434	2 481	2 706	3 034	3 361	3 407	3 580	4 024	4 611
披露董事长持股比例的上市公司数量	2 491	2 434	2 481	2 706	3 034	3 361	3 407	3 580	4 024	4 611

续表

年份	2012	2013	2014	2015	2016	2017	2018	2019	2020	2021
披露总经理持股数量的上市公司数量	2 474	2 417	2 450	2 672	2 975	3 321	3 358	3 538	3 964	4 559
披露总经理持股比例的上市公司数量	2 474	2 417	2 450	2 672	2 975	3 321	3 358	3 538	3 964	4 559
披露董事长与总经理变更的相关信息的上市公司数量			2（000012 南玻A、600023 浙能电力）	1（600326 西藏天路）		2（600728 佳都科技、600959 江苏有线）	1（600015 华夏银行）			

数据来源：国泰安数据库。

三、总结

综上所述，在监管部门相关政策的要求以及竞争日益激烈的市场环境下，我国大多上市公司会在其年报中披露有关环境保护、社会责任、治理结构等方面的信息，且披露内容较为丰富，从而有利于企业提升ESG信息披露水平，向利益相关者展示其在环境、社会责任、公司治理等方面的绩效表现和良好形象，从而获得更多的资源和支持，促进企业的可持续发展。

3.2.4 管理层讨论与分析

管理层讨论与分析（Management Discussion and Analysis，MD&A）是上市公司年报中的重要内容之一，是公司管理层对企业目前的经营状况和未来发展前景与风险的评价与分析。MD&A以数据或文本形式呈现，且文本承载的信息量更加丰富，成为MD&A披露的主要方式。而语言文字以其本身的灵活性、复杂性和多义性，具有可读性（可理解性）、情感倾向（语调）等语言特征，这些都会显现在企业披露的文本信息中，并对信息使用者造成一定的影响。同时，管理层对于该部分内容及语言特征具有较大的自由裁量权，可能存在操纵可读性和语调以对投资者实施印象管理的行为。因而近年来众多上市公司重视对年报中文本信息可读性和语调的把握，结合其自身的经营情况，采取适当的或者具有操纵性质的可读性和语调，以向投资者展示企业的基本情况，影响投资者的决策行为。

一、可读性

1. 背景

可读性是指文本信息易于阅读和理解的程度,是上市公司通过文本信息与利益相关者沟通的基石,是决定上市公司披露的文本信息是否被信息接收者准确理解的关键因素。年报文本信息的可读性影响着信息传递的有效性和信息需求者对企业的感知,从而影响投资者的判断与决策。随着大数据、云计算等数字技术的发展以及信息时代和数据时代的到来,信息量爆炸式增长,企业、研究学者、监管机构不仅关注信息披露的数量和质量,还越来越重视企业信息披露的可读性。国内外均出台了有关企业披露信息的要求,1998 年,美国证券交易委员会(SEC)出版了建议增加企业披露信息可读性的相关准则,对上市公司年报中的语言信息披露做出了具体细致的要求,而近年来中国证监会在相关准则中也强调了上市公司应当使用通俗易懂的语言,提高信息披露的可理解性,但尚未形成统一、规范的准则和监管机制。2020 年,新《中华人民共和国证券法》实施,要求以投资者的需求为导向,充分披露投资者做出价值判断和投资决策所必需的信息,做到简明清晰、通俗易懂。

2. 现状

多年来,学术界对年报文本信息可读性的研究层出不穷,研究学者们运用了多种方法、指标来衡量可读性,以探索我国上市公司年报文本信息可读性的现状,包括可读性水平和可读性差异。在可读性水平方面,多数研究认为,我国上市公司年报的可读性水平较低,且部分研究认为年报的可读性会随时间的推移而降低。利用 Flesch 公式,从平均句长和词汇难易等角度考察样本公司 2000 年的文本信息可读性,发现所考察的 59 家深市 B 股公司 2000 年的文本信息可读性低[120],在公式中加入专业术语占比,用调整后的 Flesch 公式衡量 2012—2016 年沪市 A 股机械制造业上市公司的年报可读性,得出了相似的结论,样本公司的文本信息极难理解[121]。考虑年报文本词数、平均句长、词汇难度等方面,利用 Fog 指数衡量所有上市公司 2014—2015 年年报的可读性,发现年报文本信息的可读性很低,需要读者拥有足够的知识储备[37]。此外,很多学者从年报篇幅、会计术语密度、逆转成分密度[115,122]、词汇数量[123]、汉字平均笔画数[39]等指标考察不同年份我国上市公司的年报可读性,同样发现我国上市公司年报文本信息的可读性较差,并由篇幅递增的趋势得出了可读性递减的结论[124]。由于可读性会因衡量方法、样本公司等的不同而有所差异,因而也有研究认为我国上市公司年报的可读性处于中等水平,如通过考察2002—2013年我国上市公司财报的页数、句子的平均长度、平均每页连词的个数、平均每页的文件大小和平均每页代词的个数等特征,发现公司财报的可读性普遍在中等水平[125];利用主成分分析法从字词可读性、语言逻辑可读性和专业术语可读性三方面构建评价指标来衡量2009—2017年我国A股上市公司年报的可读性,所得数据显示其可读性处于中等水平[82]。在可读性差异方面,大多研究认为不同企业间年报可读性的差异较大,这可能是管理层操纵信息披露的结果[40,113];此外,差异也体现在不同时间公司年报的可读性会有所不同[120,124]。综上所述,我国上市公司年报中文本信息的可读性整体上处于中等偏下的水平,且不同企业之间存在较大差异。

鉴于可读性在信息传递和影响投资者感知及决策方面的重要作用,以及当前我国上市公司年报可读性的现状,企业应当以信息使用者的需要为导向,有针对性地改进信息披露的内容与格式,突出强调披露重点,提升信息披露质量。

二、情感倾向(语调)

1. 语调的内涵

文本信息的关键特征除了可读性之外,还包括披露信息时语言表达的情感倾向,即语调,文本信息的语调就是通过语言叙述中的积极和消极词汇反映出信息披露方的情感基调,语调反映了公司当前的经营情况和对未来前景的乐观程度,能够为投资者提供有效的增量信息。不同于可读性的间接性,情感倾向会更加直接、生动地影响投资者的情绪和信任感知,甚至可能形成印象管理,从而影响其价值判断和选择。

2. 现状

大量研究表明,公司年报中管理层讨论与分析的文本信息的情感倾向会对投资者的反应与投资决策产生正向影响,即语调越积极,公司未来业绩表现越好,投资者的投资意向越强烈,因而我国上市公司年报中MD&A的语调总体偏向正向和积极,负面和消极的情感词汇较少。国泰安数据库采用了两种方法计算年报MD&A的语调,其一为(正面词汇数量−负面词汇数量)/词汇总量,其二为(正面词汇数量−负面词汇数量)/(正面词汇数量+负面词汇数量),这两种计算方式所得结果为负表示语调偏向消极,为正则表示语调偏向积极,且数值越大,情感倾向越偏向正面积极。来自国泰安数据库的相关数据显示,2012—2021年我国上市公司年报中MD&A的语调总体偏向积极,积极语调占比始终维持在95%以上,具体数据见表3-10。已有对我国上市公司年报语调披露现状的研究也得出了相似的结论,如林晚发等于2022年通过对我国A股上市公司2008—2019年的相关数据进行分析,发现用以衡量年报文本信息语调指标的平均值和中位数分别为0.421和0.424,表明我国上市公司年报中MD&A的披露语调普遍相对积极和乐观[126]。曾庆生等于2018年、余海宗等于2021年的研究结论也基本一致[81,127],可见我国上市公司年报中披露的文本信息语调总体乐观,这种语调在经济基本面好于信息所显示的情况时,管理层通过公正地向外传递公司的真实经营与盈利信息,使这种积极语调对财务信息起到有益的补充作用。但是我国关于文本信息披露的制度和法规尚需进一步完善,相关的监管政策也需要进一步加强,且MD&A语调不需要审计,这导致管理层的语调操纵行为成本较低。同时,我国资本市场中仍存在委托代理问题,管理层可能会出于自身利益考虑来操纵企业所披露的信息,并更可能会选择比盈余管理操纵更易实现的语调操纵。因而我国上市公司年报中披露的文本信息语调普遍积极的情况可能会产生信息增量效应,但也可能存在操纵的成分。

表3-10 2012—2021年我国上市公司年报语调披露现状

年份	样本总量	积极语调数量	积极语调占比
2012	2 353	2 316	98.43%
2013	2 482	2 451	98.75%
2014	2 602	2 542	97.69%
2015	2 807	2 678	95.40%
2016	3 111	3 012	96.82%
2017	3 496	3 411	97.57%
2018	3 603	3 464	96.14%
2019	3 811	3 628	95.20%
2020	4 262	4 068	95.45%
2021	4 545	4 512	99.27%

三、总结

我国上市公司年报中管理层讨论与分析的内容主要以语言文字为载体,通过文本信息的形式向外传达公司当前的经营状况和未来的发展前景。文本信息其本身的内容会影响到信息使用者,其语言特征如可读性和语调也会影响信息使用者对企业的感知和决策。近年来我国上市公司在披露文本信息时,也会通过把握甚至操纵信息的可读性和语调来影响投资者的意愿和行为,出现了不同上市公司年报可读性差异较大、语调普遍积极和乐观的现象。今后我国上市公司应采取真实可靠的可读性和语调来披露文本信息,提高信息披露的质量。

3.2.5 信用信息披露

一、上市公司信用信息披露的背景及内容

在市场交易过程中,市场主体之间的信息是不对等的,这就需要各类市场主体遵循诚实守信的原则,这不仅是在道德层面对企业的约束,更体现了法律对于上市公司生产经营的要求。然而,近年来失信事件频发,这使得市场主体之间的信任受到冲击,从而提高了交易成本,也对市场交易秩序产生了较为严重的影响。在此背景下,对上市公司信用信息披露的要求进一步提高,上市公司应当主动、真实地披露信用信息,以提升市场交易秩序的规范性,降低市场交易成本。上市公司在履行缔约关系时的守信能力、守信意愿和守信表现等方面的综合信息是年报信用信息披露的主要内容,通过这些信息可以向利益相关者展现企业的守信情况,以获取对方的信任。

二、上市公司信用信息披露现状

1. 指数构建

虽然我国已经依托大数据、云计算等现代信息技术建立了较为成熟的企业信用信息公示系统,但仍存在信用信息披露不规范、不充分等问题。2015 年,中国国家标准化管理委员会发布了 GB/T 23794—2015《企业信用评价指标》,该文件规定从守信意愿、守信能力、守信表现三个维度衡量和评价企业信用信息披露质量。基于此,我们在 2022 年以企业年报中信用信息关键词频与年报总字数之比构建了信用信息总体及其三个维度的披露指数,如表 3-11 所示,其中:年报信用信息披露指数为信用信息总词频数/年报总字数,具体包括守信意愿、守信能力、守信表现三个维度的指标;年报守信意愿信息披露指数为价值观信息总词频数/年报总字数,具体包括价值理念、制度规范、品牌形象等指标;年报守信能力信息披露指数为履约能力信息总词频数/年报总字数,具体包括管理能力和市场能力等指标;年报守信表现信息披露指数为社会责任信息总词频数/年报总字数,具体包括公共管理、相关方履约、公益支持等指标。

表 3-11 信用信息披露指数

指数名称	指数定义	具体包含指标	
年报信用信息披露指数	信用信息总词频数/年报总字数	守信意愿、守信能力、守信表现	
年报守信意愿信息披露指数	价值观信息总词频数/年报总字数	价值理念	发展战略、领导层品质
		制度规范	法人治理、规章制度
		品牌形象	品牌建设
年报守信能力信息披露指数	履约能力信息总词频数/年报总字数	管理能力	诚信管理、人力资源管理、安全管理、质量管理
		市场能力	技术水平、市场占有率
年报守信表现信息披露指数	社会责任信息总词频数/年报总字数	公共管理	纳税信用、质量检验、环境保护、安全检查、海关检查、案件执行
		相关方履约	融资信用、合同履约、质量承诺履约、工资及支付、福利与社保
		公益支持	公益慈善活动、技术支持

2. 披露水平

借助如上所述的信用信息披露指数,我们对 2015—2018 年 A 股上市公司的信用信息披露情况进行了分析,发现 2015—2018 年我国 A 股上市公司总体信用信息披露指数平均值从 0.022 791 4 增加到 0.023 047 3,呈逐年上升的趋势(如表 3-12 所示,表中保留 4 位小数),进一步对企业信用信息披露的三个维度进行分析可知,2015—2018 年企业守信意愿披露指数的均值为 0.011 955 3,占信用信息披露总指数的 52% 左右;守信能力披露指数的均值为 0.004 368 9,占比约为 19%;守信表现披露指数的均值为 0.006 610 2,占比约为 29%(如表 3-13 和图 3-11 所示,表中保留 4 位小数)。这说明年报中守信意愿信息披露质量较高,内容较为全面;守信能力和守信表现则内容较少。而通过对这三个维度的占比趋势进行分析发现,企业守信意愿信息披露指数占比在 2015—2018 年间呈逐年下滑趋势,守信能力指数呈先下降后上升的趋势,守信表现则基本上呈逐年上升趋势(如表 3-14 所示),这表明企业逐年重视对年报中守信能力和守信表现方面的信息披露。

表 3-12 信用信息披露指数年度分布

年份	平均值	频数	标准差	最大值	最小值
2015	0.022 8	2 696	0.003 1	0.031 0	0.016 2
2016	0.023 0	2 584	0.003 2	0.031 0	0.016 2
2017	0.023 0	3 287	0.003 2	0.031 0	0.016 2
2018	0.023 0	3 343	0.003 2	0.031 0	0.016 2
合计	0.023 0	11 910	0.003 2	0.031 0	0.016 2

表 3-13 全样本描述性统计

指数	平均值	样本量	标准差	最大值	最小值
年报信用信息披露指数	0.023 0	11 910	0.003 2	0.031 0	0.016 2
年报守信意愿信息披露指数	0.012 0	11 910	0.002 0	0.017 3	0.007 8
年报守信能力信息披露指数	0.004 4	11 910	0.001 8	0.009 3	0.001 6
年报守信表现信息披露指数	0.006 6	11 910	0.001 6	0.012 2	0.002 4

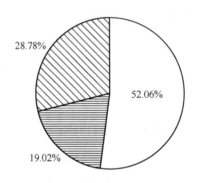

图 3-11 信用信息披露三个维度的指数分布

表 3-14 信用信息披露指数三个维度的年度分布

年份	年报守信意愿信息披露指数		年报守信能力信息披露指数		年报守信表现信息披露指数	
	得分	占比	得分	占比	得分	占比
2015	0.012 2	53.61%	0.004 7	20.86%	0.005 8	25.52%
2016	0.012 0	52.14%	0.004 1	18.01%	0.006 9	29.85%
2017	0.012 0	52.13%	0.004 3	18.53%	0.006 7	29.33%
2018	0.011 7	50.93%	0.004 4	18.91%	0.006 9	30.16%

3. 行业分布和产权性质分布

此外,我们还对信用信息披露的行业分布和产权性质分布情况进行了分析。行业分布情况如表 3-15 所示,基于表 3-15 的数据可知,卫生和社会工作,公共管理、社会保障和社会组织,科学研究和技术服务业,信息传输、软件和信息技术服务业,文化、体育和娱乐业,建筑业等这些行业的信用信息披露指数的均值较高,而房地产业、批发和零售业、住宿和餐饮业的披露指数则最低。信用信息披露指数的产权性质分布情况如表 3-16 所示,根据统计结果可知,产权性质会影响到企业信用信息披露的决策,非国有企业的总体信用信息披露指数以及守信意愿、守信能力、守信表现三个维度的披露指数的均值皆高于国有企业。根据上述我们对企业信用信息披露现状及行业分布、产权分布等特征的研究发现,自 2015 年起,我国企业越发认识到信用信息披露的重要性,这体现在披露指数的逐年提高,披露质量不断提升。从《企业信用评价指标》确定的三个评价维度来看,我国企业披露守信意愿的相关信息占比较多,而守信能力、守信表现方面的信息披露质量逐年上升。除了披露维度的不同外,企业信用信息披露还呈现出一定的行业特征,各行业的披露指数存在差异,信用信息披露指数最高的行业是信息传输、软件与信息技术服务业,而房地产业、批发和零售业、住宿和餐饮业的披露指数则最低。此外,产权性质也对企业的信用信息披露有所影响,通常情况下,由于国有企业拥有更多的资源,通过信用信息披露来建立良好的形象、缓解融资约束的动机较弱,因而国有企业的信息披露指数较非国有企业更低。

表 3-15 信用信息披露指数的行业分布

序号	行业名称	平均值	频数	占比	排名
A	农、林、牧、渔业	0.022 2	157	1.32%	10
B	采矿业	0.022 0	276	2.32%	11
C	制造业	0.023 4	7 552	63.41%	5
D	电力、热力、燃气及水生产和供应业	0.021 7	398	3.34%	12
E	建筑业	0.022 4	348	2.92%	9
F	批发和零售业	0.020 5	621	5.21%	16
G	交通运输、仓储和邮政业	0.020 6	362	3.04%	14
H	住宿和餐饮业	0.020 6	30	0.25%	15
I	信息传输、软件和信息技术服务业	0.024 9	898	7.54%	1
K	房地产业	0.019 7	463	3.89%	17
L	租赁和商务服务业	0.022 9	174	1.46%	7
M	科学研究和技术服务业	0.024 1	145	1.22%	3

续表

序号	行业名称	平均值	频数	占比	排名
N	水利、环境和公共设施管理业	0.024 8	161	1.35%	2
P	教育	0.023 2	15	0.13%	6
Q	卫生和社会工作	0.024 0	33	0.28%	4
R	文化、体育和娱乐业	0.022 7	196	1.65%	8
S	公共管理、社会保障和社会组织	0.021 5	81	0.68%	13

数据来源：国泰安数据库。

表3-16 信用信息披露指数的产权性质分布

产权性质	指标	年报信用信息披露指数	年报守信意愿信息披露指数	年报守信能力信息披露指数	年报守信表现信息披露指数
非国有	平均值	0.023 5	0.012 3	0.004 6	0.006 6
	频数	8 214	8 214	8 214	8 214
	最大值	0.031 0	0.017 3	0.009 3	0.012 2
	最小值	0.016 2	0.007 8	0.001 6	0.002 4
国有	平均值	0.021 7	0.011 3	0.003 8	0.006 6
	频数	3 696	3 696	3 696	3 696
	最大值	0.031 0	0.017 3	0.009 3	0.012 2
	最小值	0.016 2	0.007 8	0.001 6	0.002 4

3.2.6 其他披露内容

在我国上市公司年报中，对于非财务信息的披露除了环境、社会责任、ESG、管理层讨论与分析和信用信息这五大板块之外，还包括战略信息、风险信息等其他非财务信息的披露。其中，战略信息披露了企业在可持续发展进程中的战略规划与管理，如竞争战略、创新战略、资源分配等，还可能包括市场竞争形势、行业发展趋势、政策风险和环境风险等外部环境因素，以及企业的核心技术、重大投资计划等，这些都属于企业非财务信息披露的重要组成部分。目前，企业管理层对于战略信息披露越发重视，披露质量稳步提升，战略信息不仅出现在公司正式的年报中，也可能在与媒体或分析师的沟通中有所体现[10]。近年来，资本市场动荡起伏，股价崩盘风险发生的频率增加，投资者对风险的重视程度也日益增加。上市公司在年报中将其在当前及未来经营运转过程中存在的风险进行披露，能够向投资者传递企业的风险信息，帮助投资者预测未来某些系统风险以及特定风险。为了规范企业的风险信息披露，我国较早地确定了类似的规则并不断补充强化,2007年,中国证监会要求企业在年报中披露使公司具有投机性或风险性的不确定因素,2012年发布的《公开发行证券的公司信息披露内容与格式准则第2号——年度报告的内容与格式》再次强调上市公司必须在年报中单独披露可能对公司未来发展和实现经营目标产生不利影响的重大因素。这些政策规定在一定程度上规范和约束了企业的风险信息披露行为,但是目前我国上市公司年报中的风险信息披露水平远低于美国,且许多公司存在不披露、重复披露、无意义披露以及混乱披露的现象,今后还应强化对企业风险信息披露的监管,提高披露要求[128-129]。

3.3 基于视觉转向视角的信息披露现状

3.3.1 上市公司信息披露视觉转向的演进过程

上市公司年报信息披露的形式包括数据、语言文字和视觉图像。随着近年来信息的爆炸式增长和市场竞争日趋激烈,投资者在重视信息质量的同时也更加注重信息的获取效率,因而对披露信息的可理解性和可视化程度提出了更高的要求。在此背景下,上市公司仅依靠传统报表披露的财务信息可能已经无法满足信息使用者的需求,上市公司在年报中需要披露更加可理解、可视化程度更高的语言和视觉信息。先前对于年报非财务信息披露的要求更多地集中在文本信息方面,强调披露信息的"语言转向",近年来,随着科技的发展,信息传播的形式逐渐由文字传播转向视觉图像传播,美国图像理论学家W.J.T.米歇尔(W.J.T.Mitchell)在《图像理论》一书中用"图像转向"(pictorial turn)来概括这一文化变迁,尼古拉斯·米尔左夫(Nicholas Mirzoeff)等人则将之概括为"视觉转向"(visual turn)[130],国内一些学者根据西方哲学家的理论提出了"视觉文化的转向"说。学者周宪认为"视觉文化是指文化脱离了以语言为中心的理性主义形态,转向以形象为中心特别是以影像为中心的感性主义形态"。视觉化已经成为人们认识世界、把握世界的重要方式[131]。随着20世纪30年代年报中图像的出现,视觉元素的作用成为年报信息研究的关注热点[132-139],"语言转向"逐渐演化为"视觉转向"。

3.3.2 上市公司年报中的视觉元素

年报非财务信息披露的"视觉转向"即强调视觉元素在信息传递、投资决策等方面的重要作用。人类获取的信息80％以上来自视觉系统，一图胜千言。随着20世纪30年代年报中视觉图像的出现，越来越多的公司通过图片的形式传递相关信息，例如管理层报告、董事会报告、社会责任报告、可持续发展报告中的图像。"视觉转向"强调视觉元素的重要性，根据现有对信息披露中视觉图像的研究可知，年报中披露的视觉元素主要包括直接与财务数据相关的可视化图表以及高管照片等与会计数据无直接关联的额外信息。针对可视化图表，现有研究主要关注成本或管理会计信息对管理者决策质量的影响；对于高管照片等额外的视觉信息，大多研究聚焦于其对投资者决策的影响。这些视觉图像能够提升公司的信息透明度，反映思想意识形态方面的深层次内容，创造不同类型的人类主观性和现实。在"视觉转向"过程中，由于高管是公司经营发展的主要负责人和各种经营活动的执行者，以高管照片为代表的人力资本图像成了境外上市公司年报中十分重要的视觉元素，其弥补了财务信息中缺失的企业领导者的相关信息，能反映传统财务报表无法反映的有形和无形资源。不同于高管的年龄、经验、学历、任期等后天特征，高管照片反映出的管理层外貌、身材等先天特征能够给信息使用者带来最直观的感受。Davison于2010年建立了解读高管视觉肖像的模型，从外貌、衣着、人际、空间四个维度来分析高管的先天特征，其中外貌是最重要的维度，能够反映高管的基本信息和性格特征，可以直接影响人们的感觉系统，帮助信息使用者对高管的个性、地位、职业、角色等特征进行推断，从而影响信息使用者的判断和选择[140]。具体来说，高管照片展现的高管外貌特征会带来面孔吸引力和面孔信任感，高管面孔带来的吸引力是指其面孔使人们印象深刻并让人们产生一种积极愉悦的情绪体验，从而使人们愿意接近的程度，更具吸引力的面孔会影响人们的偏好与选择，高管面孔越富有吸引力，他越能够使投资者产生积极的情感体验，从而增强其投资意愿，促使投资者做出投资行为。高管面孔信任感则是其面孔特征所决定的个体值得信赖的程度，高信任感面孔可以增强人们的安全感，影响其行为偏好，高管面孔越能给投资者带来信任感、影响其信任感知，就越能增强投资者对企业的投资偏好，进而诱发投资行为。其他三个维度分别是衣着、人际和空间，其中，衣着的正式程度和时尚与否可以体现该管理者的权威性和商业风格；高管的表情、肢体语言、与他人的互动能够反映其性格特征和领导能力；而桌椅摆件等空间布局信息也隐含了高管的性格特质。可见，以高管照片为代表的视觉元素作为一种重要的信息和公司标志，能够以表示和象征的方式传递企业的重要信息，对投资者等利益相关者进行印象管理，影响其情感体验和信任感知，从而影响其决策行为，因此，公司高管需要看起来整洁又可靠，让信息使用者相信年报的可靠性。

3.3.3 上市公司年报中视觉信息的披露

早在20世纪二三十年代,公司披露的年报中就开始包含视觉图像元素。近年来,在年报中展示高管照片等视觉元素的信息披露行为多见于境外上市公司。在中国香港、美国等上市公司年报披露的信息中,以高管照片为主的视觉元素不断增多,其中高锦萍等于2018年通过对2011—2015年香港交易所的1 304家上市公司年报中的主席报告书与高层管理人员履历两部分进行人工统计发现,2011—2015年这五年间曾披露过高管照片的公司共有518家,占比39.72%,从未披露过高管照片的公司共有786家,占比60.28%,可见这五年内香港交易所主板上市的公司进行高管照片披露的平均水平达到近40%,这些图像元素向信息使用者展示了公司的人力资本、产品服务、文化理念、荣誉成就等重要信息,以引起对公司有利的情感体验和信任感知。此外,通过统计香港交易所上市公司年报中披露高管照片的行业分布情况,可以发现保险业、银行业、公用事业、建筑业、运输业等关系到民众生活与利益的行业披露高管照片的水平高于总体水平39.72%,其中,高管照片披露水平最高的行业为保险业和银行业,分别为100%和84.21%,电信、原材料及电器、汽车等涉及高科技的行业披露高管照片的水平则较低。而在我国大陆地区,尽管中国证监会在《公开发行证券的公司信息披露内容与格式准则第2号——年度报告的内容与格式》中明确提出"公司可以在年度报告正文前刊载宣传本公司的照片、图表"以及"公司编制年度报告时可以图文并茂,采用柱状图、饼状图等统计图表,以及必要的产品、服务和业务活动图片进行辅助说明",但在具体的披露实践中,我国上海证券交易所和深圳证券交易所的上市公司披露的年报仍以数据信息和语言信息为主,少见高管照片等图像元素。

3.4 非财务信息披露现状中存在的问题分析

近年来,我国上市公司年报非财务信息披露水平有所提升,在政策的指引下,大多企业不断完善披露内容、提升披露质量,但仍存在披露内容不全面、文本信息可读性差、异常积极语调、视觉信息披露水平低和监管机制不完善等问题。相关主体应就这些问题采取有效措施加以改进。

一、披露内容需要进一步丰富

我国上市公司近年来在年报中披露的环境信息、社会责任信息、治理信息、信用信息等非财务信息日益丰富,但披露的具体内容仍不够全面,有部分企业尚未披露环境信息、社会责任信息。而对于在年报中披露了环境信息的公司,有相当多的公司并未在环境信息中披露环保投资的情况,除了环保投资项目外,其余的环境信息部分也有将近一半的上市公司披露不全面。对于年报中社会责任信息的披露,只有很少的企业披露了公司的纳税总额、每股社会贡献额、社会捐赠额、社会责任制度建设及改善措施、公司存在的不足等内容,可见社会责任的披露内容也不全面。对于信用信息披露,公司年报中关于中国国家标准化管理委员会颁布的《企业信用评价指标》涉及内容的涵盖广度和深度都有所欠缺,大多披露企业以披露信用信息中的守信意愿为主,对于守信能力、守信表现这两种体现企业诚信经营成果的信息则占比较低。

二、文本信息可读性水平偏低

整体来看,我国上市公司年报中文本信息的可读性处于中等偏下的水平,理解难度较大,这可能体现在年报篇幅较大、专业词汇密度大、复杂词汇较多等方面,需要读者具有较高的专业能力和较多的知识储备,因而对许多通过年报了解公司情况的中小投资者并不友好。

三、文本信息的语调存在异常积极偏好

我国上市公司年报中 MD&A 的语调总体偏向积极和乐观,近十年来正面积极的语调占比一直维持在 95% 以上,而语调操纵成本较低和很多公司经营状况与积极语调不匹配的事实使得这种语调普遍积极的现象令人质疑,即我国上市公司的年报中可能存在异常积极语调现象。

四、视觉信息披露水平低

我国大陆地区上市公司的年报非财务信息披露基本以文本信息和数据信息为主,而高管照片,必要的产品、服务和业务活动图片,业务流程图,战略地图等视觉图像信息则十分罕见。

五、监管机制需要进一步完善

虽然有关部门就环境信息、社会责任信息、信用信息等企业非财务信息披露出台了相关政策文件,但大多只是一些原则性规定,对于具体的披露细节和方式并未做详细要求。此外,对企业非财务信息披露的监管针对性不突出,机制不够健全,这些都不利于提升我国上市公司非财务信息披露的质量。

3.5 本章小结

外部环境和自身发展需要对公司年报信息披露的数量、质量、可理解性、可读性等方面提出了更高的要求,近年来,在相关政策的指引下,我国上市公司年报中的非财务信息披露内容日益丰富,体现在披露环境信息、社会责任信息、ESG 信息、管理层讨论与分析和信用信息等的公司不断增多,每一维度下的披露内容不断丰富和完善。然而,尽管我国上市公司的非财务信息披露日益向好发展,但在披露内容、披露方式、文本信息的语言特征等方面仍然存在不足,公司应在日后的披露实践中在完善披露内容、重视视觉信息披露、规范可读性和语调、加强内部控制与管理等方面继续努力,以提升公司的信息透明度,为信息使用者提供增量信息,从而帮助公司自身获得更多的外部资源和支持。

第4章 公司年报中语言转向信息披露的效应研究

4.1 语言转向信息披露效应

随着市场竞争的日益激烈和投资者信息需求的不断增多,年报中的非财务信息越发受到重视,非财务信息披露的主要形式为文本信息,即具有"语言转向"的趋势。现有对非财务信息语言转向披露效应的研究包含两个方面:一是非财务信息披露质量的效应,二是非财务信息披露语言特征的效应。

4.1.1 非财务信息披露质量的效应

上市公司非财务信息披露的内容包括环境信息、社会责任信息、ESG 信息、管理层讨论与分析、信用信息等,通过定性化的描述传达出其在经营状况、公司治理、社会责任、守信表现等方面的信息,对企业的资本成本、企业价值、资本市场定价效率以及财务后果等方面产生影响。

1. 降低资本成本

现有关于非财务信息披露质量对资本成本影响研究的主流观点认为,非财务信息披露可以缓解信息不对称问题,降低企业融资成本[53]。当企业披露高质量的社会责任信息时,能够提高信息透明度,帮助企业树立正面的社会形象,从而提升投资者对企业的信任,获得更低的股权资本成本[56-57]以及降低企业的债务融资成本[58];企业披露更高水平的碳会计信息,能够使企业树立绿色环保的形象,提升企业声誉,向投资者展示企业的可持续发展能力,提升投资者对企业的评价,从而降低融资成本[61];对于企业披露的环境、社会和治理(ESG)信息,表现越好、披露质量越高的企业会面临较为宽松的融资约束,可降低资本成本;企业的风险信息披露可以提供其面临的风险和不确定性事件的有关信息,增加信息透明度,增强投资者对企业风险状况的认知,从而提高投资者对企业投资的信心,降低企业的资本成本[59]。

2. 影响企业价值

企业的非财务信息披露会对企业价值产生显著影响。在碳信息披露方面,企业披露高质量的碳信息,可能会增加投资者的信心,获得更多支持,促进企业价值的提升[62,64-65];若企业的碳信息披露中包含污染违规等负面信息,则可能会对企业价值产生不利影响[66-68];此外,也有研究表明上市公司的碳信息披露质量与企业价值之间呈U形关系[69]。在社会责任信息披露方面,企业披露高质量的社会责任信息有助于提升企业形象,长期来看可以提高企业价值[70-71]。在其他财务信息如风险投资信息方面,现有研究认为这种信息可以向投资者传递企业风险投资行为的信息,增加投资价值[72]。

3. 影响资本市场定价效率

企业的非财务信息披露能够降低信息不对称,帮助利益相关者了解企业的真实情况,通过影响股价同步性或股价崩盘风险来提高IPO(首次公开募股)定价效率[1]。比如,披露高质量的ESG信息可以向投资者传递企业在环境保护、社会责任和公司治理方面的表现,帮助投资者做出正确决策,也能够平抑投资者情绪,有利于投资者理性决策,降低股价崩盘风险[77];企业披露的前瞻性信息可以向投资者反映企业当前的经营成果和未来的发展前景,帮助投资者进行预测,从而降低股价同步性[12]。此外,也有学者发现强制性的社会责任信息披露会提高股价同步性,降低市场资源配置效率[79];或者管理层出于自利目的,隐瞒企业的不利信息,降低社会责任信息披露质量,加剧股价崩盘风险[80]。

4. 提升财务绩效

针对非财务信息披露与财务绩效之间的关系,现有研究大多认为非财务信息披露质量的提高能正向影响财务绩效。具体来说,高质量的环境信息披露可以积累较好的社会声誉和企业形象,提高能源使用效率,从而使企业获取市场机会和竞争优势[7],碳信息披露也可能会被视为企业在生产经营过程中对环境问题做出了可信承诺[84],这些都能够提升企业的财务绩效[85]。企业高质量的社会责任信息披露可以向外界传递出企业绩效良好的信号,降低投资者对企业未来不确定性的担忧,帮助企业获取更多资源,保持财务稳健性[90],也可以显著降低企业的财务风险[91]。

4.1.2 非财务信息披露语言特征的效应

上市公司年报中披露的文本信息是否易于使用者阅读和理解也会对企业及其利益相关者产生影响,因而语言转向信息披露的效应还应该关注非财务信息披露语言特征产生的经济后果。文本信息的关键语言特征主要包括可读性和语调,通过影响所披露信息的可处理性和情感倾向来影响公司绩效和投资者决策。

1. 语言特征对公司绩效的影响

现有对年报可读性和语调的研究都涉及了其对公司绩效的影响。在可读性对公司绩效的影响方面,以往研究发现年报中 MD&A 可读性较高的公司,其当前业绩和未来业绩预测情况都较为乐观,而 MD&A 可读性较低的公司当前和未来业绩情况不明朗,这一效应同样体现在可读性对收益增加情况的影响上,MD&A 可读性较高的公司,其收益在未来四年内更持久,反之,企业未来的持续收益则会更加短暂。在语调对公司绩效的影响方面,从信息增量角度来看,年报中以语言元素为主要载体的非财务信息披露了公司当前的经营状况和未来的发展前景预期,管理层对文本信息语调的合理把控能够更好地发挥非财务信息对财务信息的补充作用,从而使信息披露的情感倾向与企业绩效表现正相关[141-142]。

2. 语言特征对投资者决策的影响

年报文本信息的可读性和语调会影响投资者对企业所披露信息的认知,从而影响投资者的意愿和行为。在可读性对投资者决策和市场反应的影响方面,大量研究发现年报可读性会影响投资者的判断和决策,基于启发式偏差视角,高可读性的信息会提升投资者感知和决策的流畅性,使得投资者可能更加青睐披露信息可读性较高的公司,且面临可读性较高的信息会做出更强烈的反应。在语调对投资者决策的影响方面,有证据表明语言的生动性能够激发投资者的情感与想象,加剧其对公司未来业绩预期的反应,即当采用积极生动的语调披露公司的良好业绩时,投资者会对公司产生更好的预期;也有研究发现真实的、正向积极的语调能够增强投资者的信任感知,更好地满足投资者的信息需求,从而促使投资者做出投资决策,增加股票交易量。

目前有关非财务信息披露语言转向的效应研究较为丰富和完善,尤其是对环境信息披露、社会责任信息披露、ESG 信息披露、管理层讨论与分析等披露内容和文本信息披露的语调特征的经济后果研究已经较为成熟。近年来,承载着企业诚信经营状况的信用信息越来越受到监管机构和企业的关注,且对上市公司年报中信用信息披露的研究尚处于起步阶段,因而我们重点探讨上市公司的信用信息披露产生的经济后果,通过实证分析检验信用信息披露对企业融资成本的影响；同时，在文本信息的可读性特征方面，已有研究主要集中在其对分析师、投资者、公司价值等方面的影响上，缺乏对可读性与投资者决策行为及产生动因的相关研究，且研究方法大多采用传统的问卷法，因而我们采用行为学实验和内隐联想测试等方法探讨年报可读性对投资者投资意愿及决策行为的影响及其路径。下面主要阐述以上两方面的研究成果，以进一步补充和丰富上市公司非财务信息披露语言转向的效应。

4.2 公司年报信用信息披露质量对债务资本成本的影响

诚信缺失会使市场主体之间逐渐失去信任，提高市场交易成本。信用信息揭示法人组织的信用情况，是判断企业诚信与否的重要依据，各类交易主体恪守信用，遵守透明公开的原则，主动、充分地披露企业的信用信息是信用管理的基本要求。信用信息的披露有助于改善企业与债权人之间的信息不对称，获得债权人信任，有效降低融资成本。目前，对信用信息披露的研究主要集中在信用信息披露机制的完善、共享技术手段的实现等方面，对于其经济后果方面的研究尚不丰富，信用信息披露质量的评价大多数基于研究者自行构建的指标体系。Kallberg 和 Udell 从未偿还债务和正偿还债务的类型、信贷时长、新申请的信贷、逾期拖欠破产等方面来评价市场主体的商业信用信息披露质量。潘滕杰和梁艺榕从深度和广度两个方面来衡量商业银行信用信息披露质量，其中披露深度指标包括是否含有正面和负面的信息、企业和个人的信息、信用信息披露机构类型、信用信息披露时长、信用信息披露标准等，披露广度指标指征信机构登记的范围。我们以信息不对称理论、信号传递理论和信誉理论为理论基础，依据《企业信用评价指标》来构建信用信息披露指数，检验信用信息披露质量对上市公司债务资本成本的影响。可能的贡献在于：第一，采用文本挖掘方法来提取信用评价三级指标的相应关键词，形成词典，以信用信息关键词词频总数、词频总数与年报总字数之比两种方法量化信用信息披露质量，从而为评价信用信息披露质量及检验其经济后果提供了可借鉴的量化方法；第二，考察我国上市企业的信用信息披露质量对企业债务资本成本的影响，通过因果逐步回归和 Bootstrap 测试两种方法来检验企业信用评级在二者之间的中介效应，研究结论为政府监管部门完善信用公示制度、上市公司制定披露策略以及债权人发展投资理念提供了理论依据。

4.2.1 理论模型建立

一、信用信息披露质量与债务资本成本

企业债务资本成本的内部影响因素具体包括信息披露质量、盈余质量和公司治理等。财务信息侧重于反映企业历史经营状况,难以完全满足债权人预测企业未来经营业绩及偿债能力的需求,随着企业信息需求者的范围扩大,利益相关者更多地开始关注企业社会责任履践情况、环境保护、企业诚信和企业文化等非财务信息。关于非财务信息披露质量影响债务资本成本方面,目前研究者们主要从内部控制信息、社会责任信息、环境信息以及碳信息披露等方面展开,并且研究结果较为一致,即非财务信息质量与债务资本成本之间呈负相关关系。

基于声誉理论,高质量的信用信息披露能够体现企业的诚信及可持续发展状况,优化利益相关者关于企业的客观理解及信任感,从而促使企业追求良好的声誉,保障契约顺利实施。同时,债务债权关系建立之前,高质量的信用信息披露可以使债权人充分了解企业当前的诚信状况及未来可持续发展的能力,促使债权人准确估计企业未来可能出现经营危机、违约风险的概况,合理要求资金占用的报酬,减少债权人的决策偏差,进而降低债权人预期的风险溢价,降低企业的债务融资成本。此外,企业管理者更倾向于通过高质量的信用信息披露,将其经营战略、履约能力及履约表现向外界进行传播,给债权人传递诚信负责的企业社会形象,从而获得竞争优势,赢得政府、债权人的信任,降低对其未知风险的预估。Kusi 和 Opoku-Mensah 采用两步广义矩阵以17 个非洲国家的 233 家银行为样本检验信用信息披露质量对银行债务资本成本的影响,结果表明信用信息披露质量是银行融资成本的关键和持续性因素。据此,本节提出假设 H1:

H1:企业年报信用信息披露质量对债务资本成本具有显著的负向影响,即信用信息披露越充分,债务资本成本越低。

二、信用信息披露、信用评级与债务资本成本

随着信用信息透明度的提升,利益相关者能够更全面地知晓企业的守信状况,从而判断企业日后发生违背诚信原则行为的概率,并进行科学决策。信用评级机构通过研读企业披露的信用信息,以此判断其是否遵循诚信经营原则及未来发生违约风险的

概率。通常来说,信用情况较为良好的企业更倾向于披露高质量的信用信息来获得利益相关者的关注度,进而企业传递出来较好的经营情况及信用情况会在企业信用评级中体现出来。前期有文献指出企业可能出于机会主义而积极披露信息,此类企业披露的信息不仅无助于信用评价工作,还会误导利益相关者的决策,那么信用信息披露质量与信用评级的关系是否存在机会主义?由于信用信息涵盖范围较广,从守信意愿、守信能力到守信表现,涉及企业的战略、治理、制度、经营业绩、诚信成果等多项经营指标,树立诚信经营的形象通常需要一定的时间及投入,因此本节的研究认为企业出于机会主义动机披露信用信息的可能性较小,企业更倾向于将能够提升企业形象的有效信号传递给利益相关者。且根据理性人假设,企业存在的目的是赚取利润,只有在存在剩余利润的前提下企业才会积极履行对利益相关者的承诺及责任。因此当企业具有良好的履约表现时,外界分析师会认为企业具有良好的业绩,并且有效利用了企业内部资源来承担社会责任且遵守诚信原则,从而给予其较高的信用评级。据此,本节提出假设 H2:

H2:年报信用信息披露与企业信用评级呈显著正相关关系,即信用信息披露得越充分,企业信用评级越高。

第三方独立信用评级机构给予的信用评级有效降低了企业与债权人之间的信息不对称程度,企业信用评级能够为利益相关者的决策提供重要参考价值,较高的信用评级作为有效信号可以向资本市场传递出企业优秀的业绩表现、持续稳定的发展前景及良好的履约能力,债权人会更倾向于以较低的资金占用费提供资金,从而降低债务企业的资本成本;此外,基于声誉理论,企业信用评级作为资本市场活动中重要的信息供给渠道,有助于企业树立优质的信用形象,增强企业竞争力,所以信用评级是声誉投资的重要内容之一。Agarwal 和 Hauwald 基于美国债券市场上公司数据的研究表明,信用评级机构综合企业经营业绩、潜在风险、可持续发展能力评估出的企业信用评级属于有效信息,当这种有效信息对于企业来说是正面消息时,可以降低企业的债务资本成本。施燕平等以 2008—2013 年间发行公司债券的 A 股上市公司为样本,发现企业资产负债率与企业信用评级之间呈显著负相关关系,公司债券发行主体可以通过降低资产负债率来提高信用评级,从而降低债务资本成本。寇宗来等基于 2008—2014 年企业债券数据,也发现企业信用评级与债务资本成本呈显著负相关关系。据此,本节提出假设 H3:

H3:企业信用评级与债务资本成本呈显著负相关关系,企业信用评级越高,债务

资本成本越高。

综上,高质量的信用信息披露可以降低债权人的决策偏差,进而降低债权人预期的风险溢价,减少企业的债务资本成本。诚信经营的企业倾向于向利益相关者披露更高质量的信用信息,提升"第三方"评级机构对企业经营状况及可持续发展能力的认可度,进而提升企业信用评级。企业信用评级的提升会影响债权人对企业未来经营、偿债风险的预估。通常来说,债权人会认为信用评级良好的企业未来发展稳定性较高,债务到期时按时还本付息的可能性很大,愿意以较低的利率水平向企业提供资金。因此,企业信用评级在年报信用信息披露对债务资本成本的影响中可能会起到一定的中介作用。据此,本节提出假设H4:

H4:企业信用评级在年报信用信息披露对债务资本成本的负向影响中具有中介效应。

信用信息披露质量影响债务资本成本的理论模型如图4-1所示。

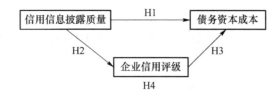

图4-1 信用信息披露质量影响债务资本成本的理论模型

4.2.2 研究设计

一、样本选取与数据来源

自2015年政府开始构建企业信用信息公示"全国一张网",高质量的信用信息披露被提升至战略高度,但仍然存在披露的信息不全面、不可靠、不规范等缺陷,且非上市公司的财务、公司治理等数据难以获取。因此为保证信用信息披露质量量化的可行性及数据的可获得性,本书选择相对成熟、规范的我国A股上市企业的年报作为研究样本,并按照如下方法对初始样本进行处理:①剔除金融保险行业的企业样本;②剔除ST和ST*非正常交易的企业样本;③剔除数据缺失的企业样本;④剔除年报披露当年不更新企业信用评级的样本,对于一年内出现两次以上评级数据的,只选取当年的最后一条观测值。最终得到18个行业中977家企业的共计2 628个观测值。

年度报告来源于巨潮资讯网,企业信用评级数据来源于WIND数据库,财务数据来自CSMAR国泰安数据库。信用信息披露指数是基于《企业信用评价指标》,通过收集整理上市公司年度报告,采用文本分析法对上市公司年报信息进行关键词提取和词频计算得到的。

二、变量设计

1. 被解释变量——债务资本成本(COD)

目前针对债务资本成本的计量,学术界主要有以下两类估算方法:第一种是用企业当期的利息支出率来评估债务资本成本,国内学者普遍认可用利息支出(或利息支出与手续费之和)除以负债总额来估算债务资本成本;第二种是依据企业债务平均收益率与到期之差来衡量债务资本成本。本书选择第一种方法来衡量债务资本成本。

2. 解释变量——年报信用信息披露质量(Cdi)

《企业信用评价指标》中的守信意愿信息描述了企业决策者的价值取向、企业在经营过程中追求的目标;守信能力信息描述了企业履行承诺的综合能力;守信表现信息描述了企业承担社会责任、履行对利益相关者的责任及承诺的情况。本书采用文本挖掘技术提取以上三个维度的三级指标的相应关键词,并将其作为判定三级指标是否出现的标准。依据语料库语言学中"词频"及"共现频率",频率高的词语或词语搭配说明通用率高。据此以信用信息关键词频构建信用信息披露指数,具体过程如下。

(1) 形成词典

企业信用评价体系中有28个三级指标,其中由于各上市公司均会对企业财务状况进行披露,其属于强制性披露的内容,与财务能力相关的关键词出现的频数差异性极小,因此本书未将守信能力维度中的四个三级指标即偿债能力、盈利能力、营运能力及发展能力纳入统计范围之内,仅对剩余的24个三级指标进行统计分析。形成年报信用信息关键词词典的具体步骤如表4-1所示。

(2) 计算信用信息披露指数

Merkley曾提出以包含关键词的句子频率来衡量文本信息披露质量,然而目前对中文句子的划分有一定难度。因此参考王华和刘慧芬在2018年计算研发信息披露质量的方式[143],本书利用词频统计工具3.53中的指定统计功能,导入年报信用信息关键词词典,定位关键词并统计各三级条目关键词在年报中出现的频数。为消除异方差影响,同时对词频进行取对数处理,并将其作为年报信用信息披露质量的替代变量。

表 4-1　信用信息关键词词典的构建步骤

第一步，抽取年报	为了形成符合年报语境的三级条目特征词典，按照样本中行业占比，随机在 2015—2018 年度 A 股非金融类上市公司年报中每年抽取 1 500 份年报，将合计 6 000 份的年报资料作为语料库原始文本，进行各三级条目特征词提取
第二步，提取对应章节及内容	基于中国证监会颁布的《公开发行证券的公司信息披露内容与格式准则第 2 号——年度报告的内容与格式（2017 年修订）》，对信用信息披露指标体系中的三级指标集中出现的章节进行定位，并利用 Python 正则表达式提取目标章节。对于部分在上市公司年报中分布较为分散或披露内容较少的三级指标，利用 GooSeeker 分词系统的选词匹配表具体定位三级指标内容并进行提取汇总
第三步，年报信用信息关键词抓取	① 利用 ROSTCM 6.0 软件，对各三级条目所对应的年报章节内容进行分词和词频统计，形成相应高频词。对于与三级条目并不存在直接关联的高频词，如年报中固定词汇（报告期、年度等）、会计科目、公司名称（如"有限""责任""公司"）及无意义词汇等，利用 GooSeeker 系统定位高频词出现的语境，通过人工阅读筛选此类无关高频词后将其剔除，形成由高频词组成的关键词统计表 ② 部分高频词单独出现时无法完全代表三级条目的含义，因此利用 ROSTCM 6.0 和 Netdraw 对高频词进行共现分析及语义网络分析，形成 74×74 共现矩阵及语义网络，提取能够体现三级指标含义的共现词组 ③ 人工阅读样本年报，对代表三级指标的关键词语组合进行补充提取，提升研究的全面性
第四步，词典整理补充汇总	对《公开发行证券的公司信息披露内容与格式准则第 2 号——年度报告的内容与格式（2017 年修订）》文件也进行高频词及词组提取，进而对现有关键词统计表进行饱和性检验及补充，得到年报信用信息披露三级条目特征词词典，词典共包括 1 800 余词

3. 中介变量——企业信用评级（Credit_R）

信用评级的对象主要表现为债券信用评级和企业信用评级（主体信用评级）两方面，本书的研究视角是企业信用评级。企业信用评级一般包括 AAA、AA、A、BBB、BB、B、CCC、CC、C 九个等级，且每个评级均可能用"—""＋"符号进行调整，表明略低于或略高于相应等级。本书对企业信用评级变量按照表 4-2 所示的方式来赋值。

表 4-2　企业信用评级赋值方式

企业信用评级	CCC+、CCC、CCC—及以下	B+、B、B—	BB+、BB、BB—	BBB+、BBB、BBB—	A+、A、A—	AA+、AA、AA—	AAA+、AAA、AAA—
赋值	0	0	1	2	3	4	5

4. 控制变量

基于前人的研究文献,本书选取以下变量作为控制变量:长短期偿债能力(Lev、Cr)、盈利能力(Roa)、营运能力(Rtr)、成长性(Growth)、企业规模(Size)、股权集中度(Share)、产权性质(Soe)、行业(Ind)和年度(Year)。控制变量汇总如表4-3所示。

表4-3 控制变量一览表

变量类型	符号	变量名称	变量说明
被解释变量	COD	债务资本成本	利息支出/负债总额
解释变量	Cdi	年报信用信息披露质量	年报中与信用信息关键词词典匹配的重复词频对数
中介变量	Credit_R	企业信用评级	企业(主体)评级数据由WIND数据库获取,并按表4-2所述方式进行赋值
控制变量	Lev	资产负债率	负债总额/资产总额
控制变量	Cr	流动比率	流动资产/流动负债
控制变量	Roa	资产收益率	净利润/总资产
控制变量	Growth	营业利润增长率	(本期营业利润－上期营业利润)/上期营业利润
控制变量	Rtr	应收账款周转率	赊销净收入/平均应收账款余额
控制变量	Share	股权集中度	前十大股东持股比例
控制变量	Soe	产权性质	虚拟变量,国有企业取1,非国有企业取0
控制变量	Size	企业规模	期末总资产的对数
控制变量	Year	年份	虚拟变量
控制变量	Ind	行业	虚拟变量

三、模型构建

企业年报一般于后一年年初披露,因此债权人及信用评级机构对企业当年的考察通常参考前一年的年报信息披露。借鉴王建玲等的处理方式[58],本书采用前一期的解释变量与控制变量对当期的被解释变量进行回归,控制了可能的内生性问题,同时也避免了信用信息披露质量与债务资本成本的反向因果关系。本书建立以下三个多元线性回归模型:

$$COD_{it} = \alpha_0 + \alpha_1 Cdi_{it-1} + \alpha_2 Size_{it-1} + \alpha_3 Lev_{it-1} + \alpha_4 Cr_{it-1} + \\ \alpha_5 Roa_{it-1} + \alpha_6 Growth_{it-1} + \alpha_7 Rtr_{it-1} + \alpha_8 Share_{it-1} + \\ \alpha_9 Soe_{it-1} + \sum Ind + \sum Year + \varepsilon \quad (1)$$

其中 i、t 表示第 i 个样本企业第 t 时期,α_0 为常数项,α_i 为待估参数,ε 为误差项。

第一个模型检验的是年报信用信息披露质量对债务资本成本的影响,用于验证假设 H1。本书预测 α_1 为负数且显著,即年报信用信息披露质量对债务资本成本具有显著的负向影响。

$$\text{Credit\_R}_{it} = \alpha_0 + \alpha_1 \text{Cdi}_{it-1} + \alpha_2 \text{Size}_{it-1} + \alpha_3 \text{Lev}_{it-1} + \alpha_4 \text{Cr}_{it-1} + \alpha_5 \text{Roa}_{it-1} + \alpha_6 \text{Growth}_{it-1} +$$
$$\alpha_7 \text{Rtr}_{it-1} + \alpha_8 \text{Share}_{it-1} + \alpha_9 \text{Soe}_{it-1} + \sum \text{Ind} + \sum \text{Year} + \varepsilon \quad (2)$$

第二个模型检验的是年报信用信息披露质量对企业信用评级的影响,用于验证假设 H2。我们预测 α_1 为正数且显著,即年报信用信息披露质量与企业信用评级呈显著正相关关系。

$$\text{COD}_{it} = \alpha_0 + \alpha_1 \text{Cdi}_{it-1} + \alpha_2 \text{Credit\_R}_{it} + \alpha_3 \text{Size}_{it-1} + \alpha_4 \text{Lev}_{it-1} +$$
$$\alpha_5 \text{Cr}_{it-1} + \alpha_6 \text{Roa}_{it-1} + \alpha_7 \text{Growth}_{it-1} + \alpha_8 \text{Rtr}_{it-1} + \alpha_9 \text{Share}_{it-1} +$$
$$\alpha_{10} \text{Soe}_{it-1} + \sum \text{Ind} + \sum \text{Year} + \varepsilon \quad (3)$$

第三个模型检验的是企业信用评级对债务资本成本的影响,用于验证假设 H3。我们预测 α_2 为负数且显著,即企业信用评级与债务资本成本呈显著负相关关系。

温忠麟等人于 2004 年采用中介效应检验模型及逐步回归方法来检验中介效应[144]。而部分学者对因果逐步回归法提出质疑,建议采用 Bootstrap 测试法进行中介效应检验。因此为了研究的严谨性,本书在逐步回归的基础上用 Bootstrap 测试法对企业信用评级的中介效应进行进一步的检验。

4.2.3 实证结果分析

一、描述性统计

为消除极端值影响,针对全部连续变量进行了上下 1% 水平上的 Winsorize 缩尾处理。全样本变量的描述性统计结果如表 4-4 所示。结果表明:债务资本成本的平均值为 0.024 8,最小值为 0.002 73,最大值为 0.061 2,标准差为 0.011 8,表明样本企业的债务资本成本存在明显差异,且债务资本成本整体维持在一个正常的水平上;年报信用信息披露质量的平均值为 7.842 6,最小值为 7.241 4,最大值为 8.536 6,标准差为 0.272 8,表明样本企业的年报信用信息披露质量较高,而且差异性较小;企业信用评级的平均值为 4.133 0,中位数为 4.000 0,表明样本企业信用评级普遍较高且集中在 AA 评级附近;企业规模最小值为 20.000 0,最大值为 25.890 0,标准差为 1.228 0,

说明样本企业规模存在明显的差异;资产负债率最小值为0.1400,最大值为0.8750,平均值和中位数均为0.54左右,说明样本企业整体资产负债结构较为合理,长期偿债能力较好;流动比率的最小值为0.0027,最大值为4.7450,平均值为0.4970,说明样本企业流动比率差异较大,整体而言短期偿债能力略显不足。

表4-4 全样本变量的描述性统计结果

变量	样本量	最小值	中位数	最大值	平均值	标准差
COD	2 628	0.002 73	0.024 5	0.061 2	0.024 8	0.011 8
Cdi	2 628	7.241 4	7.830 2	8.536 6	7.842 6	0.272 8
Credit_R	2 628	0.000 0	4.000 0	5.000 0	4.133 0	0.512 0
Roa	2 628	−0.088 1	0.053 5	0.210 0	0.059 8	0.045 6
Lev	2 628	0.140 0	0.546 0	0.875 0	0.543 0	0.166 0
Cr	2 628	0.002 7	0.016 0	4.745 0	0.497 0	0.961 0
Rtr	2 628	0.000 0	4.458 0	521.600 0	19.680 0	65.960 0
Growth	2 628	−21.763 0	0.149 2	12.459 0	0.117 3	0.161 9
Size	2 628	20.000 0	22.480 0	25.890 0	22.650 0	1.228 0
Share	2 628	0.073 1	0.358 0	0.800 0	0.378 0	0.162 0
Soe	2 628	0.000 0	0.000 0	1.000 0	0.493 1	0.500 0

二、相关性分析

为了检验本书所使用的相关变量之间是否存在多重共线性问题,同时初步考察样本变量的相关关系,本书采用Pearson相关性分析对个别变量进行检验,结果如表4-5所示。

Pearson检验结果显示:①企业年报信用信息披露质量与债务资本成本之间存在反向相关关系,且在5%的水平下显著,说明年报信用信息披露质量越高,债务资本成本越低,初步验证了本节的假设H1;②企业年报信用信息披露质量与企业信用评级存在正相关关系,且在1%的水平下显著,表明年报信用信息披露质量越高,企业信用评级越高,初步验证了本节的假设H2;③样本企业信用评级与债务资本成本存在负相关关系,且在1%的水平下显著,表明企业信用评级越高,债务资本成本越低,初步验证了本节的假设H3。

表 4-5 主要变量相关系数

主要变量	(1)	(2)	(3)	(4)	(5)	(6)	(7)	(8)	(9)	(10)	(11)
(1)COD	1										
(2)Cdi	-0.040 0**	1									
(3)Credit_R	-0.132 0***	0.084 0***	1								
(4)Roa	-0.153 0**	0.065 0***	0.075 0***	1							
(5)Lev	0.030 0	0.027 0	0.104 0***	-0.396 0***	1						
(6)Cr	-0.133 0***	-0.011 0	-0.179 0***	0.251 0***	-0.336 0***	1					
(7)Rtr	0.001 00	-0.040 0**	0.061 0***	0.063 0***	0.037 0*	0.068 0***	1				
(8)Growth	-0.072 0***	0.070 0***	0.072 0***	0.354 0***	-0.061 0***	0.025 0	0.016 0	1			
(9)Size	-0.011 0	0.030 0	0.584 0***	-0.191 0***	0.381 0***	-0.334 0***	0.047 0***	0.007 0	1		
(10)Share	-0.088 0***	-0.075 0***	0.234 0***	0.025 0	0.110 0***	-0.062 0***	0.011 0	0.004 0	0.264 0**	1	
(11)Soe	0.001 0	-0.204 0***	0.306 0***	-0.180 0***	0.271 0***	-0.255 0***	-0.011 0	-0.037 0*	0.437 0***	0.244 0***	1

注:"***"表示置信度为1%相关性是显著的,"**"表示置信度为5%相关性是显著的,"*"表示置信度为10%相关性是显著的。

统计学认为,若各变量间的相关性系数超过 0.6,那么进行回归分析时易产生多重共线问题。由表 4-5 可知,主要变量及控制变量间,相关系数的绝对值基本保持在 0.6 以下,说明各个变量之间不存在严重的多重共线性问题,不会对多元回归结果产生影响。本书进一步利用方差膨胀因子法进行多重共线性检验。结果如表 4-6 所示,主要模型的方差膨胀因子 VIF 均小于 3,这说明各变量间不存在严重的多重共线性问题。

表 4-6 主要模型的方差膨胀因子

变量	Cdi	Credit_R	Lev	Roa	Cr	Size	Growth	Share	Soe	Rtr
VIF 值	1.37	1.74	1.73	1.51	1.44	2.19	1.20	1.20	1.52	1.12

三、多元线性回归结果分析

在控制企业规模、成长性、盈利性、偿债能力、营运能力、前十大股东持股比例、企业性质、行业和年度等相关变量后,运用多元线性回归方法检验年报信用信息披露质量与债务资本成本之间的关系,以及企业信用评级的中介效应,结果如表 4-7 所示。

模型(1)的回归结果显示,解释变量年报信用信息披露质量的系数为负,且在 1% 的水平下显著,说明了年报信用信息披露质量与债务资本成本负相关,验证了假设 H1。这证明了企业可以通过积极提升年报信用信息披露质量,充分披露信用方面的信息,获得债权人的信任及支持,进而降低债务资本成本。

模型(2)的回归结果显示,企业信用评级的系数为正,且在 1% 的水平下显著,说明了年报信用信息披露质量与企业信用评级正相关,假设 H2 成立。这表明信用评估机构在进行企业信用评级时会关注企业信用信息的披露情况,评级机构会给积极充分披露信用信息的企业更高的信用评级。

模型(3)的回归结果显示,企业信用评级的系数为 -0.261,且其与债务资本成本在 1% 的水平上显著负相关,假设 H3 成立。这表明第三方评级机构出具的企业信用评级有利于缓解债权人与债务企业之间的信息不对称程度,从而降低债务资本成本。

根据因果逐步回归法,年报信用信息披露质量对企业信用评级的路径系数(0.053 1)显著,企业信用评级对债务资本成本的路径系数(-0.261 0)显著,由此可知企业信用评级的中介效应显著,假设 H4 得到验证。企业信用评级在年报信用信息披露质量与债务资本成本作用之间的中介效应值约为 $-0.013\ 9$($-0.261\ 0\times0.053\ 1$),中介效应占比 14.45%($-0.013\ 9/-0.095\ 9$),即企业信用评级在年报信用信息披露质量与债务资本成本的关系中发挥部分中介作用,而且对直接负效应具有促进作用。

表 4-7　年报信用信息披露质量、企业信用评级与债务资本成本的回归结果

变量	模型(1) COD	模型(2) Credit_R	模型(3) COD
Cdi	−0.082 0***	0.053 1***	−0.068 2***
	(−3.94)	(6.01)	(-3.27)
Credit_R			−0.261 0***
			(−5.68)
Roa	−0.159 0***	0.082 7***	−0.137 0***
	(−7.33)	(8.98)	(−6.28)
Lev	0.084 5***	−0.070 2***	0.066 3***
	(3.62)	(−7.07)	(2.82)
Cr	−0.142 0***	−0.012 6	−0.145 0***
	(−6.58)	(−1.38)	(−6.77)
Rtr	0.010 2	0.010 4	0.012 9
	(0.54)	(1.29)	(0.69)
Growth	0.001 4	0.000 4	0.001 5
	(0.07)	(0.05)	(0.08)
Size	−0.049 1**	0.291 0***	0.026 9
	(−2.15)	(30.01)	(1.02)
Share	−0.078 2***	0.028 0***	−0.070 9***
	(−4.00)	(3.38)	(−3.64)
Soe	−0.174 0***	0.083 5***	−0.152 0***
	(−3.94)	(4.47)	(−3.46)
Year	Yes	Yes	Yes
Ind	Yes	Yes	Yes
_cons	0.794 0***	3.933 0***	1.820 0***
	(3.86)	(44.98)	(6.67)
N	2 628	2 628	2 628
R^2	0.164 3	0.425 5	0.174 6
F	18.25***	68.74***	18.95***

注：***表示置信度为1%相关性是显著的，**表示置信度为5%相关性是显著的，*表示置信度为10%相关性是显著的。括号内为 t 值，标准误差经公司层面聚类(cluster)调整。_cons:多因素 Constant 指标。N:样本量。R^2:拟合优度。F:F统计量，方差比率检验。后同。

为提高企业信用评级中介效应的可靠性，本节采用 Bootstrap 测试法对企业信用

评级的中介效应展开进一步的检验。Bootstrap 测试法就是对全样本进行有放回地重复取样,从而保证大样本量,是中介效应检验方法中统计功效最强、结果较为准确的一种方法。在95%的置信区间下,年报信用信息披露质量、企业信用评级和债务资本成本之间的直接效应和间接效应(中介效应)检验结果如表4-8所示。年报信用信息披露质量对债务资本成本的直接效应为-0.0681,其Bootstrap置信区间为$(-0.1094, -0.0378)$,不包含0,表明年报信用信息披露质量对债务资本成本的直接效应显著。企业信用评级在年报信用信息披露质量和债务资本成本之间的中介作用大小为-0.0139,其Bootstrap置信区间为$(-0.0242, -0.0064)$,不包含0,表明企业信用评级的中介效应显著。由Bootstrap测试法的统计结果可知,企业信用评级在年报信用信息披露质量与债务资本成本之间起部分中介作用。上述中介效应检验结果表明,企业提升年报信用信息披露质量有利于减少其与债权人之间的信息不对称程度,提升企业在债权人心中的形象,降低债权人潜在风险,从而对企业债务资本成本产生直接影响。同时,企业积极披露信用信息可以向资本市场释放出经营良好的积极信号,从而获得第三方评级机构的认可,给予企业较高的企业信用评级。而债权人从降低自身风险的角度出发更倾向于信用评级较高的企业,愿意以较低的资本成本将资金借给信用评级高的企业,从而达到降低债务企业债务资本成本的效果,即企业信用评级在年报信用信息披露质量降低债务资本成本的过程中起到中介作用。

表 4-8 中介效应检验结果

路径	系数	标准误差	95%的置信区间		P值
			下限	上限	
年报信用信息披露质量→债务资本成本(直接效应)	-0.0681	0.0006	-0.1094	-0.0378	0.0010
年报信用信息披露质量→企业信用评级→债务资本成本(间接效应)	-0.0139	-0.0001	-0.0242	-0.0064	0.0040

四、稳健性测试

一般来说,稳健性测试主要分为以下几种:用其他变量替换解释变量或被解释变量,利用不同标准对数据进行分类回归,对数据进行滞后处理,改变采用的计量模型等。本节参考王雄元等的做法[59],以年报信用信息关键词词频之和与年报总字数之比来衡量年报信用信息披露质量,同时为避免异方差的影响,对比值进行取对数处理,以此作为年报信用信息披露指数(Cdi),即以年报信用信息披露质量相对值的对数形式代替绝对值对数进行稳健性检验。表4-9所示是最终的稳健性检验结果。

根据稳健性检验结果可知,年报信用信息披露质量的回归系数为-0.117,且其与债务资本成本在1%的水平上显著负相关,验证了假设H1。年报信用信息披露质量与企业信用评级在1%的水平上显著正相关,验证了假设H2;企业信用评级与债务资本成本在1%的水平上显著负相关,回归系数为-0.265,验证了假设H3;根据因果逐步回归法,企业信用评级具备中介效应,验证了假设H4,其他控制变量与之前的检验结果基本一致。稳健性检验结果中的模型系数检验及显著性水平与前文检验结果基本一致,因此本节所建立的模型具有稳健性和说服力。同时用因果逐步回归法和Bootstrap测试法两种方法来检验企业信用评级的中介效应,得出的结论有效可靠。

表4-9 稳健性检验结果

变量	模型(1) COD	模型(2) Credit_R	模型(3) COD
Cdi	-0.117 0*** (-5.46)	0.025 8*** (2.83)	-0.110 0*** (-5.16)
Credit_R			-0.265 0*** (-5.83)
Roa	-0.162 0*** (-7.48)	0.085 0*** (9.20)	-0.139 0*** (-6.37)
Lev	0.070 6*** (3.03)	-0.064 2*** (-6.44)	0.053 6*** (2.30)
Cr	-0.135 0*** (-6.35)	-0.018 0** (-1.97)	-0.140 0*** (-6.61)
Rtr	0.012 5 (0.66)	0.008 8 (1.08)	0.014 8 (0.79)
Growth	0.000 8 (0.04)	0.001 4 (0.17)	0.001 2 (0.06)
Size	-0.084 0*** (-3.68)	0.305 0*** (31.19)	-0.003 0 (-0.11)
Share	-0.077 0*** (-3.97)	0.027 0*** (3.18)	-0.070 0*** (-3.62)
Soe	-0.160 0*** (-3.64)	0.064 0*** (3.48)	-0.140 0*** (-3.25)
Ind	YES	YES	YES
Year	YES	YES	YES

续表

变量	模型(1) COD	模型(5) Credit_R	模型(6) COD
_cons	0.816 0***	3.932 0***	1.859 0***
	(3.97)	(44.72)	(6.85)
N	2 628	2 628	2 628
R^2	0.168 9	0.419 3	0.179 6
F	18.86***	67.02***	19.61***

4.2.4 结论

本节以沪深 A 股上市公司为样本，沿着"年报信用信息披露质量—企业信用评级—债务资本成本"的路线探究企业年报信用信息披露质量对债务资本成本的影响。本书采用文本分析法，以信用信息关键词词频总数、词频总数与年报总字数之比两种方法量化年报信用信息披露质量，用因果逐步回归法和 Bootstrap 测试法两种方法来检验企业信用评级的中介效应。本书得出以下结论：①企业年报信用信息披露质量对债务资产成本具有显著的负向影响；②企业信用评级在年报信用信息披露质量对债务资本成本的负向影响中具有中介作用。

4.3 公司年报信用信息披露质量对股权资本成本的影响

高质量的信用信息披露可以向投资者传递企业诚信经营的信号，增强投资者对企业的信任感，从而降低股权资本成本。但少有研究从年报信用信息披露的角度考察其质量对股权资本成本的影响，并且少有研究构建出了全面系统的年报信用信息披露质量评价指标。此外，我国独特的经济制度使得国有企业与非国有企业在资源配置、融资渠道、破产风险、政策支持等方面存在一定的差异，因此不同产权性质下年报信用信息披露质量对股权资本成本的影响会有所差异。本节基于信息不对称理论、委托代理理论等理论基础，通过文本分析法对 2015—2018 年 A 股上市公司的年报信用信息披露质量进行检验，发现上市公司年报信用信息披露质量和股权资本成本之间具有显著的负相关关系，并且这种关系在非国有企业中更加显著。

4.3.1 理论模型

一、信用信息披露与股权资本成本

现代资本市场对信用信息披露的研究源于企业与投资者之间的信息不对称以及公司内部普遍存在的委托代理问题。信用信息披露质量的提高可以增加信息透明度,影响投资者决策,同时能够在一定程度上委托代理问题,提高市场效率。高质量的信用信息披露能够向投资者展示企业诚信经营的情况,增强投资者对企业的信任感,使企业有动机追求良好声誉,提高企业对诚信经营的重视程度。同时,披露高质量的信用信息可以帮助投资者充分了解企业的守信情况和未来发展前景,为投资者的决策提供有价值的参考,促使其合理估计企业的经营绩效与风险等情况,降低投资者要求的投资回报率,从而降低企业的股权资本成本。基于此,可以提出本节研究的第一个假设:

H1:上市公司年报信用信息披露质量与股权资本成本负相关。

二、信用信息披露、产权性质与股权资本成本

我国的经济制度决定了国有企业与非国有企业面临着不同的融资限制与政府支持。国有企业拥有更高的信用等级,因而面临的融资约束也更加宽松;同时,国有企业能够获得更多的政府关注与国家支持,能够在陷入危机时获得部分国家补偿,减少投资者的损失。也正是因为此,国有企业拥有比非国有企业更小的经营风险和更大的发展潜力,从而会吸引更多的投资者,且投资者要求的回报率也会因为风险低而降低,因此国有企业的股权资本成本更低。由此看来,国有企业和非国有企业的股权资本成本受信用信息披露质量的影响程度可能存在差异。非国有企业获得的政府支持较少,会更多地依靠市场的力量降低股权资本成本,因而其通过高质量的信用信息披露向投资者传递企业守信情况从而获取投资者信任、促使投资者降低回报率的意愿更加强烈,所以信用信息披露质量对非国有企业降低股权资本成本具有更大的作用。据此,可以提出本节研究的第二个假设:

H2:上市公司年报信用信息披露质量对非国有企业股权资本成本的负向影响更显著。

信用信息披露质量与股权资本成本理论模型如图 4-2 所示。

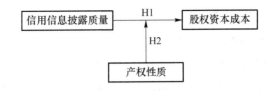

图 4-2　信用信息披露质量与股权资本成本理论模型

4.3.2　研究设计

一、样本选择与数据来源

2015 年国务院提出"信用约束"是深化商事改革的基本原则,这使高质量的信用信息披露被提升至战略高度。因此,本书选取 2015—2018 年 A 股上市公司的数据作为初始样本,由于信用信息披露质量对股权资本成本的影响具有滞后性,因此将股权资本成本、产权性质和控制变量的数据期间调整至 2016—2019 年,并剔除了 MPEG 计算公式中根式计算结果为负、股权资本成本计算模型中缺失分析师预测数据及存在其他严重数据缺失、金融类行业以及 ST 和 *ST 的上市公司。数据来源于巨潮资讯网和国泰安数据库。

二、变量度量

1. 被解释变量——股权资本成本(R)

股权资本成本的计算方法分为事前股权资本成本计算方法与事后股权资本成本计算方法。事后股权资本成本计算方法就是根据已经实现的股票收益来计算股权资本成本,这种计算方法必须基于一定的前提假设,但国内资本市场的实际情况使得各个风险因素不能被准确地确定与计算;事前股权资本成本计算方法则可以较好地控制企业未来的现金流及企业的潜在成长性,对于预期的收益预测更加准确,能够更好地度量股权资本成本,成为国内外学者通常采用的度量方法。在事前股权资本成本计算中,MPEG 模型能够更好地考虑影响股权资本成本的各个风险因素,并且能够较为准确地解释公司的预期收益,因此本节参照 MPEG 模型来计算股权资本成本:

$$r_e = \frac{dps_1}{P_0} + \sqrt{\left(\frac{dps_1}{P_0}\right)^2 + \frac{eps_2 - eps_1}{P_0}}$$

其中:r_e 是计算出的股权资本成本;eps_1 为 1 年后的平均每股收益预测值;eps_2 为 2 年后的平均每股收益预测值;dps_1 表示 1 年后的每股股利,$dps_1 = eps_1 \cdot \delta$,$\delta$ 为之前三年股息发放率的平均值;P_0 为年初的股票收盘价。

2. 解释变量——信用信息披露质量(CDI)

信用信息披露质量的衡量方法与 4.2.2 节中的设计类似,即采取"词典法",构建企业年报信用信息关键词词典,统计年报中的关键词词频,不同的是以关键词词频总数与年报总字数之比作为企业年报信用信息披露的评价指数。具体包括三个步骤。

(1) 文本处理

由于 ROSTCM 分词软件是以 TXT 文件为基础进行处理的,因此本节的研究利用 Replace Pioneer 将 PDF 年报转化为 ANSI 格式的 TXT 年报,人工对转化后的 TXT 格式年报进行格式排版方面的整理。

(2) 形成词典

《企业信用评价指标》将企业信用评价指标细化为守信意愿、守信能力和守信表现三个维度,并列出了这三个维度下的 9 个二级指标和 28 个三级指标,这些指标可较为全面地反映企业的信用情况。而由于各上市公司的财务状况属于强制性披露内容,与财务能力相关的信息披露质量差异性极小,因此本节的研究未将守信能力的二级指标即财务能力指标下的偿债能力、盈利能力、营运能力及发展能力这四个三级指标纳入统计范围之内,仅对剩余的 24 个三级指标进行统计分析。

(3) 计算信用信息披露指数

本节的研究通过计算关键词词频总数与年报总字数之比来确定企业的信用信息披露质量。首先利用 Python 程序中 jieba 分词功能中的精准模式,统计年报信用信息关键词词典在年报中出现的频数,并随机抽取 100 家公司的年报对其关键词词频进行人工统计,以避免计算机程序错误而导致词频统计出现误差。结果发现,人工统计频数与计算机程序统计频数一致。在得到企业年报各关键词词频总计后,逐一查看各年报的具体关键词词频情况。对于明显的异常词频数,通过人工阅读年报的方式剔除不合语境的词频,最终得到样本公司年报信用信息关键词词频。其次利用 Python 统计每份年报的字数,在文本程序分析中,自动进行文本数据的清洗,过滤掉标点符号与空格等无意义的字符。最后计算词频数与总字数之比,得到企业年报信用信息披露质量。

3. 调节变量——产权性质

我国企业按照产权性质划分可以分为国有企业和非国有企业两种类型。对此,设置虚拟变量,国有企业取值为 1,非国有企业取值为 0。

4. 控制变量

参考已有研究,本节的研究控制公司规模(SIZE)、资产负债率(LEV)、资产收益率(ROA)、营业收入增长率(IBR)、股权集中度(CR)、高管持股比例(MSH)、高管薪酬(MS)、董事会规模(BD)等变量。本节的研究涉及的变量如表 4-10 所示。

表 4-10 变量选择

变量类型	变量名称	变量符号	变量定义
被解释变量	股权资本成本	R	采用 MPEG 模型计算
解释变量	信用信息披露质量	CDI	利用文本挖掘技术与人工复核相结合衡量
调节变量	产权性质	SOE	国有企业取 1,非国有企业取 0
控制变量	公司规模	SIZE	当年年末市值取对数
控制变量	资产负债率	LEV	年末总负债/总资产
控制变量	资产收益率	ROA	净利润/平均资产总额
控制变量	营业收入增长率	IBR	(营业收入本年本期单季度金额－营业收入上年单季度金额)/营业收入上年单季度金额
控制变量	股权集中度	CR	公司前三大股东持股比例之和
控制变量	高管持股比例	MSH	高管持股份额/公司总股份
控制变量	高管薪酬	MS	公司高管报酬总额的自然对数
控制变量	董事会规模	BD	董事会总人数

三、模型构建

上市公司年报一般于后一年年初披露,因此投资者对上市公司当年的考察通常需要参考前一年的年报信息,基于此,本节的研究采用前一期的解释变量与控制变量对当期的被解释变量进行回归,控制可能存在的内生性问题,并避免信用信息披露质量与股权资本成本之间的反向因果关系。本节的研究建立了多元回归方程模型来分别检验此前的两个假设,模型一检验假设 H1,模型二检验假设 H2。

模型一:

$$R = a_0 + a_1 \cdot CDI + a_2 \cdot SIZE + a_3 \cdot LEV + a_4 \cdot ROA + a_5 \cdot IBR + a_6 \cdot CR + a_7 \cdot MSH + a_8 \cdot MS + a_9 \cdot BD + \varepsilon$$

模型二:

$$R = a_0 + a_1 \cdot CDI + a_2 \cdot SOE + a_3 \cdot SOE \cdot CDI + a_4 \cdot SIZE + a_5 \cdot LEV + a_6 \cdot ROA + a_7 \cdot IBR + a_8 \cdot CR + a_9 \cdot MSH + a_{10} \cdot MS + a_{11} \cdot BD + \varepsilon$$

4.3.3 实证分析结果

一、描述性统计

变量的描述性统计结果如表 4-11 所示。从股权资本成本的相关数据中可以看出,2015—2018年样本公司股权资本成本的平均值为 0.125 0,最大值为 0.305 0,最小值为 0.030 2,可见样本公司的股权资本成本之间存在较大差异。从产权性质来看,国有企业的平均股权资本成本为 0.120 0,非国有企业的平均股权资本成本为 0.127 0,说明国有企业的股权资本成本相对更低,具有一定的融资优势。从有关信用信息披露质量的数据中可以看出,样本公司的信用信息披露质量评价指数的平均值为 0.023 1,最大值为 0.031 3,最小值为 0.015 9,可见样本公司之间的信用信息披露质量存在一定差异,国有企业的平均信用信息披露质量为 0.021 9,非国有企业的平均信用信息披露质量为 0.023 7,说明国有企业相较于非国有企业来说,信用信息披露质量更低,信用信息披露的动机相对较弱。

从控制变量的相关数据来看,可以发现:样本公司之间的公司规模存在差异;资产负债率差异很大,甚至有些公司处于高负债状态;不同样本公司之间的资产收益率差异较大;股权集中度存在很大差异,部分公司股权极度分散,部分公司股权十分集中,且上市公司的平均股权集中度处于较高水平;高管持股比例存在比较大的差异,平均高管的持股比例处于较低的水平;样本公司的高管薪酬处于合理水平,董事会规模也较为稳定。

表 4-11 变量的描述性统计结果

变量	产权性质(SOE)	平均值	中位数	最小值	最大值
R	国有	0.120 0	0.114 0	0.030 2	0.305 0
	非国有	0.127 0	0.121 0	0.030 2	0.305 0
	合计	0.125 0	0.118 0	0.030 2	0.305 0
CDI	国有	0.021 9	0.021 8	0.015 9	0.031 3
	非国有	0.023 7	0.023 6	0.015 9	0.031 3
	合计	0.023 1	0.023 0	0.015 9	0.031 3
SIZE	—	23.363 0	23.153 0	21.071 0	28.549 0
LEV	—	0.423 0	0.418 0	0.060 0	0.868 0
ROA	—	0.056 0	0.049 0	−0.258 0	0.223 0
IBR	—	0.392 0	0.161 0	−0.654 0	6.129 0
CR	—	0.495 0	0.489 0	0.088 0	0.980 0
MSH	—	0.078 0	0.004 0	0.000 0	0.779 0
MS	—	15.608 0	15.564 0	14.082 0	17.599 0
BD	—	8.576 0	9.000 0	3.000 0	17.000 0

二、相关性分析

主要变量的相关性分析体现在表 4-12 中,由表 4-12 可知,企业信用信息披露(CDI)与股权资本成本(R)之间的 Pearson 相关系数为负数,且在置信度为 1% 的水平上显著相关,可见公司年报中的信用信息披露质量与股权资本成本之间呈负相关关系,即年报信用信息披露质量提高,股权资本成本会降低。

表 4-12 Pearson 相关系数

变量	(1)	(2)	(3)	(4)	(5)	(6)	(7)	(8)	(9)	(10)
(1)R	1									
(2)CDI	−0.0710***	1								
(3)SIZE	0.0840***	−0.2590***	1							
(4)LEV	0.1890***	−0.2340***	0.4620***	1						
(5)ROA	0.0290**	0.0560***	0.0250**	−0.3780***	1					
(6)IBR	−0.0230*	−0.0190	0.0330**	0.0890***	−0.0520***	1				
(7)CR	0.0202	−0.1890***	0.2580***	0.0560***	0.1580***	−0.0200*	1			
(8)MSH	0.0210*	0.2210***	−0.2830***	−0.2230***	0.1340***	−0.0200*	0.0030	1		
(9)MS	0.2000***	−0.0720***	0.4990***	0.2490***	0.0760***	−0.0030	0.0240*	−0.1600***	1	
(10)BD	−0.0020	−0.1120***	0.2280***	0.1450***	−0.0510***	−0.0120	0.0170	−0.1950***	0.2040***	1

注:"***"表示置信度为 1% 相关性是显著的,"**"表示置信度为 5% 相关性是显著的,"*"表示置信度为 10% 相关性是显著的。

为了检查所选取的变量是否存在多重共线问题,本节的研究借助于方差膨胀因子法,计算各变量的膨胀因子(VIF)与容差(1/VIF),如表 4-13 所示,各个变量的 VIF 均在 1~2 之间,可知变量之间不存在多重共线问题,实证检验的结果具有一定的科学性。

表 4-13 多重共线性检验

变量	VIF	1/VIF
CDI	1.15	0.8691
LEV	1.62	0.6160
SIZE	1.88	0.5326
ROA	1.30	0.7688
IBR	1.01	0.9884
CR	1.15	0.8716
MSH	1.17	0.8577
MS	1.39	0.7173
BD	1.10	0.9130

三、多元回归分析

1. 年报信用信息披露质量与股权资本成本的回归分析

用 Stata 统计分析软件对模型一进行回归分析,分析结果如表 4-14 所示。由表 4-14 中信用信息披露质量和股权资本成本之间的显著为负的回归系数可知,信用信息披露质量和股权资本成本之间存在显著的负相关关系,即上市公司年报信用信息披露质量越高,其股权资本成本越低,证实了假设 H1。

表 4-14 模型一回归分析结果

自变量	回归系数	P 值
CDI	−0.889 5***	0.000
SIZE	0.005 1***	0.000
LEV	−0.061 8***	0.000
ROA	0.089 6***	0.000
IBR	−0.001 8***	0.007
CR	0.000 0	0.924
MSH	0.024 40***	0.000
MS	0.014 8***	0.000
BD	−0.001 2***	0.000

注:"***"表示置信度为1%相关性是显著的,"**"表示置信度为5%相关性是显著的,"*"表示置信度为10%相关性是显著的。

2. 产权性质、年报信用信息披露质量与股权资本成本的回归分析

模型二的多元回归分析结果如表 4-15 所示。模型中加入了产权性质(SOE)以及产权性质与年报信用信息披露质量的交乘项(SOE·CDI),回归结果显示公司的产权性质(SOE)与股权资本成本(R)的回归系数显著为负,可知与非国有企业相比,国有企业的股权资本成本更低。年报信用信息披露质量和股权资本成本之间的回归系数显著为负,产权性质与上市公司年报信用信息披露质量的交乘项(SOE·CDI)和股权资本成本之间的系数为正,这说明年报信用信息披露质量对股权资本成本的降低作用在非国有企业中更加明显。综上所述,产权性质在年报信用信息披露质量和股权资本成本之间起到调节作用,上市公司年报信用信息披露质量越高,股权资本成本越低,且这一作用在非国有企业中更加明显。假设 H2 得以验证。

表 4-15　模型二的多元回归分析结果

自变量	回归系数	P 值
CDI	−1.350 2***	0.000
SOE	−0.031 1***	0.001
SOE · CDI	0.850 4**	0.034
SIZE	−0.004 1***	0.000
LEV	0.063 3***	0.000
ROA	0.079 3***	0.000
IBR	−0.001 7**	0.013
CR	0.000 1	0.213
MSH	0.015 0***	0.001
MS	0.014 1***	0.000
BD	−0.000 7*	0.058

注:"***"表示置信度为1%相关性是显著的,"**"表示置信度为5%相关性是显著的,"*"表示置信度为10%相关性是显著的。

四、稳健性检验

本节的研究考虑通过改变股权资本成本的度量方式来验证研究结论的可靠性,改用 OJ 模型计算股权资本成本,并据此得出的数据进行再一次的回归分析检验。OJ 模型如下:

$$P_0 = \frac{\mathrm{eps}_1}{r_e} + \frac{\mathrm{eps}_2 - \mathrm{eps}_1 - r_e(\mathrm{eps}_1 - \mathrm{dps}_1)}{r_e(r_e - g)}$$

其中:P_0 是当前股票的价格;dps_1 表示第一年预期每股股利;eps_1 为 1 年后的每股收益预测值;eps_2 为 2 年后的每股收益预测值;g 表示每股收益的长期增长率。

由表 4-16 和表 4-17 可知,采用新的股权资本成本衡量方式也会得出一致的回归结果,这再一次验证了上市公司年报信用信息披露质量能够降低股权资本成本,且该效应在非国有企业中更加明显。

表 4-16　稳健性检验模型一回归结果

自变量	回归系数	P 值
CDI	−0.393 2*	0.073
SIZE	0.004 5***	0.000
LEV	−0.056 4***	0.000

续 表

自变量	回归系数	P值
ROA	0.0636***	0.000
IBR	0.0001	0.919
CR	−0.0001*	0.058
MSH	0.0307***	0.000
MS	0.0104***	0.000
BD	−0.0018***	0.000

注:"***"表示置信度为1％相关性是显著的,"**"表示置信度为5％相关性是显著的,"*"表示置信度为10％相关性是显著的。

表 4-17 稳健性检验模型二回归结果

自变量	回归系数	P值
CDI	−0.8516***	0.001
SOE	−0.0312*	0.056
SOE·CDI	0.8714***	0.003
SIZE	−0.0035***	0.000
LEV	0.0579***	0.000
ROA	0.0536***	0.000
IBR	0.0002	0.758
CR	−0.0000	0.358
MSH	0.0217***	0.000
MS	0.0097***	0.002
BD	−0.0013***	0.000

注:"***"表示置信度为1％相关性是显著的,"**"表示置信度为5％相关性是显著的,"*"表示置信度为10％相关性是显著的。

4.3.4 结论

本节的研究检验了我国A股上市公司年报信用信息披露质量对股权资本成本的影响,并探究了产权性质在其中的调节作用。通过实证分析发现,上市公司年报信用信息披露质量越高,该公司的股权资本成本越低,且该效应在非国有企业中更为显著。

然而,信用信息披露关键词词典不一定能全面反映企业年报中的信用信息披露质量,因而本节的研究采用信用信息评价相关词汇出现的频率来衡量信用信息披露存在的缺陷,且本节的研究采用的计算股权资本成本的 MPEG 模型使用了分析师预测的相关数据,存在一定的主观性与不确定性,可能会对结果产生影响。在今后的研究中,可以在此基础上进行修正和完善。

4.4 非财务信息披露可读性的效应

上市公司年报中的非财务信息以语言文字为主要载体向利益相关者提供企业特质信息,近年来除了信息含量和内容本身之外,文本信息的可读性也变得越发重要。决策者在利用企业信息做出决策时,不仅会受到信息内容的影响,更会受到信息表达方式的影响,年报文本信息的可读性在很大程度上影响着投资者的态度,进而会影响投资者决策。本书采用行为学实验方法,对企业年报中文本信息的可读性与投资者的投资意愿和投资行为之间的关系进行研究,明确了年报可读性这种关键特征在披露时对投资者的具体影响及作用路径,以期丰富可读性的相关研究,并为企业披露实践的改进和投资者加工处理信息的优化提供参考依据。

4.4.1 研究背景

上市公司年报文本信息的可读性是指信息易于阅读和理解的程度。作为年报文本信息的关键特征,可读性体现了公司的业绩表现,会影响投资者决策和市场结果。国内外的监管部门对公司年报的可读性较为重视,均出台了相应的政策对公司提升年报可读性提出了要求,希望公司年报中的非财务信息能简明清晰、通俗易懂。尽管如此,由于叙述性文本信息无须审计,公司管理者可能会出于自身利益来操纵这些信息,许多绩效表现不佳的公司可能会通过操纵年报可读性来混淆公司的业绩表现,其在年报中用词越发晦涩,表达也就会越模糊,因此,公司信息披露的可读性有待改善。同时,公司年报信息的可读性也引起了研究学者的关注,现有对年报可读性的研究认为个体决策不仅受到信息内容本身的影响,还会受到信息表达方式的影响,即公司披露文件的可读性影响了投资者决策的市场结果,且可读性是通过影响投资者的投资意愿进而影响投资决策的。根据双重态度理论,投资者的投资意愿包括外显态度和内隐态度,它们共同影响投资者的行为。其中,外显态度是明确的、可意识的、可表达的态度,它易于测度和观察,但可能不足以完全反映个体真实的态度;内隐态度则是一种无意识的、自动激活的态度,它反映内在的、真实的态度,难以直接观察和测度,通常需要采用生理测验方法,如 IAT 内隐联想测验,来探查个体无意识的自主反应。根据该理论,内隐态度和外显态度都会对个体行为决策产生影响,即可读性会通过影响投资意愿的外显态度和内隐态度来影响投资者的决策行为。然而,由于研究方法的局限性,目前研究大多采用问卷和量表来测度投资者的外显态度,而很少有研究探讨投资者内隐态度的影响。

基于上述分析,本书从双重态度理论出发,将投资者的意愿(态度)分为外显态度和内隐态度,运用行为学实验和内隐联想测验的方法,探究年报可读性对投资者的投资意愿(态度)的影响,并进一步讨论了投资者内隐态度、外显态度与决策行为的关系。此外,为了探究可读性发挥作用的内在机制,本章还检验了情感体验和信任感知在年报可读性影响投资者态度和决策行为的过程中发挥的中介作用。

4.4.2　理论模型

一、可读性与投资意愿外显态度、内隐态度及投资者行为的关系

1. 可读性与投资意愿外显态度的关系

双重态度理论认为,个体对事物的态度包括明确的外显态度和自动激活的内隐态度,这两种态度共同影响个体的意愿与行为。双加工理论阐明了外显态度和内隐态度形成的心理机制。其将大脑的信息加工模式分为规则加工(rule-based processing)和联想加工(associative processing),认为规则加工和联想加工的基础来源于个体拥有的两种相互分离的、具有各自特征的记忆系统,一种是通过新奇、独特的事件快速生成记忆表征的快速学习记忆系统(fast-learning memory system);另一种是从缓慢学习的过程中总结出事物一般性规律的慢速学习记忆系统(slow-learning memory system)。快速学习记忆系统是规则加工的基础,它通过快速形成新的表征(即零碎的记忆片段)将个体或经验与其所处环境中各种类型的信息捆绑在一起。而慢速学习记忆系统的特性则决定了联想加工的过程,当知识通过大量经验逐步积累后,在类似的情境中,这些知识便迅速且自动地被慢速学习记忆系统提取,从而弥补当前情境中信息的不足。也就是说,联想加工是慢速学习记忆系统形成的稳定的、综合的表征被潜意识地用来加工和解释新的信息的过程。个体的外显态度的形成遵循快速学习记忆系统的规律,与之相应的是大脑思维过程中基于规则的推理加工,内隐态度的形成则遵循慢速学习记忆系统的规律,与之相应的是大脑联想加工的过程。

年报文本信息可读性的高低影响着信息传递的有效性及信息使用者的主观感受,

进而影响着投资者投资意愿的外显态度、内隐态度及投资者最终的判断和决策。信息的可读性越高,投资者处理信息时的认知流畅性就越高,这种高认知流畅性作为潜意识的启发式,暗示着投资者此类信息披露更加可靠和更值得信赖,投资者将提高对该公司的好感,进而会增强投资者的投资意愿。在这个过程中,快速学习记忆系统通过迅速建立新的记忆表征(即零碎的记忆片段)将高可读性与较高的信任感、较强的投资意愿等方面的信息捆绑在一起,形成较强的投资意愿外显态度。与之相反,信息的可读性越低,投资者对信息进行加工时的认知流畅性越低,往往使得投资者降低对该信息来源的信任感,导致投资者对信息来源的不佳评价及较低的投资意愿。同样,在这个过程中快速学习记忆系统也通过迅速建构记忆片段将低可读性与较低的信任感、较弱的投资意愿等方面的信息捆绑在一起,形成较弱的投资意愿外显态度。

基于以上分析,本节提出如下假设:

H1:年报叙述性文本信息的高可读性将增强投资者投资意愿的外显态度,低可读性将减弱投资者投资意愿的外显态度。

2. 可读性与投资意愿内隐态度的关系

内隐态度的产生:通过慢速学习记忆系统从漫长的学习过程中总结出事物一般性规律,它重点关注的是事物的规律性。总结以往的研究,我们发现一直以来较高的年报可读性往往与公司较好的财务绩效、投资者更佳的评价及更高的投资水平相关,而较低的年报可读性往往与公司较差的业绩表现、投资者较差的评价及较低的投资水平相关。这种高可读性与积极评价、低可读性与消极评价不断重复的联结,使得新生成的相关记忆表征经由多次重复从快速捆绑系统进入慢速学习记忆系统。在相似的情景中,当投资者面对较高可读性年报时,存储在个体脑海中的与高可读性相关的积极评价便迅速且自动地被慢速学习记忆系统提取,也就是高可读性与积极评价的联结被潜意识自动激活,形成相应较强的投资意愿内隐态度;同样,当投资者面对较低可读性年报时,存储在个体脑海中的与低可读性相关的消极评价迅速且自动地被慢速学习记忆系统提取,低可读性与消极评价的联结被自动激活,形成相应较弱的投资意愿内隐态度。

基于以上分析,本节提出如下假设:

H2:年报叙述性文本信息的高可读性将增强投资者投资意愿的内隐态度,低可读性将减弱投资者投资意愿的内隐态度。

3. 可读性与投资者行为的关系

对美国上市公司年报的研究发现,投资者更倾向投资年报可读性更高的公司。同时,实验研究也证明文本信息的可读性可以对小额投资者的决策判断产生显著影响。在人类的认知中存在易得性偏差,人们往往根据认知上的易得性来判断事件的可能性进而做出决策,例如,投资者在决策过程中很容易只关注自己容易获得的信息,而忽视对冗长复杂的信息进行深度发掘,从而造成判断偏差。易于加工(ease of processing)理论也表明,人类在利用信息时更喜欢容易被加工处理的信息。不完全披露假说认为,信息使用者从企业信息披露中提取有效价值信息时需要付出一定的时间和精力,即信息提取成本,它反映了投资者从已收集好的结构化或非结构化数据中提取信息时存在认知困难,而信息的提取成本越高,信息使用者越不太可能通过认知努力去发掘并使用这些信息,因而这些信息难以被正确的市场价格完全反映。因此,高可读性的文本信息披露向投资者传递了更多有效信息的同时,还使得投资者在进行信息加工时感到轻松、舒适,投资者会因此产生好感,从而提高最终投资水平,低可读性的信息则会降低投资者的好感度,导致较低的投资水平。

基于以上分析,本节提出如下假设:

H3:年报叙述性文本信息的高可读性将提高投资者最终的投资金额,低可读性将降低投资者最终的投资金额。

二、外显态度、内隐态度及决策行为之间的关系

1. 外显态度与内隐态度之间的关系

关于外显态度和内隐态度的关系,学术界各执一词,这主要是源于学者们在对外显态度和内隐态度的实证研究中的不同发现。已有研究通过探测态度的外显测量和内隐测量之间的相关程度来对外显态度和内隐态度的关系做出推论,一些研究发现,态度的外显测量和内隐测量间的相关性很高,说明外显态度和内隐态度可能属于同一种心理结构,即"同一论"的观点;而另一些研究则探测到态度的外显测量和内隐测量间有很低的相关性甚至不相关,表明内隐态度和外显态度彼此分离,即"分离论"的观点。本章的研究支持"分离论"的观点,认为外显态度和内隐态度是经由不同的心理加工机制形成的两种不同的心理结构,经过推理加工形成的意识性产物外显态度和通过联想加工形成的无意识产物内隐态度彼此分离。

基于以上分析,本节提出如下假设:

H4:投资者投资意愿的外显态度和内隐态度彼此分离,表现为投资意愿态度的外显测量和内隐测量之间的相关性很低或者不相关。

2. 投资意愿的双重态度与决策行为之间的关系

前人的研究表明,外显态度和内隐态度均可以预测行为,但在不同的领域有着不

同的行为预测力。在意识可以控制的行为方面,外显态度的行为预测力高于内隐态度,例如,关于公民政治选择问题的研究发现,外显态度与个体投票行为的相关性高于内隐态度与个体投票行为的相关性,关于IBM和苹果计算机品牌选择行为的研究也得到了相同的结果。但是,对于意识难以控制的、自动化的行为,外显态度的行为预测力弱于内隐态度,研究发现对于眼神交流、焦虑等意识难以控制的、自动化的行为,内隐态度的行为预测力更强。以上研究结果与内隐态度、外显态度具有不同的心理加工机制的观点相一致,即外显态度是意识性的产物,更多地影响个体通过意识性思维能控制的行为,而内隐态度则是无意识的产物,更多地影响个体潜意识的自动化反应。投资决策是投资者在存在风险和不确定性的背景下运用自己的知觉、记忆、思维等认知能力做出选择、决定和策略的复杂动态过程,它包含对信息的搜索、判断和评价等一系列连续的过程。毫无疑问,这个过程需要大脑进行复杂的推理加工及意识性思考,最终将权衡的结果通过可表达的外显态度表现出来,因此,相对于无意识的内隐态度而言,外显态度与投资决策行为的关系更密切。

基于以上分析,本节提出如下假设:

H5:相对于投资意愿的内隐态度,投资者投资意愿的外显态度更能预测其决策行为。

三、可读性对投资意愿、决策行为的影响路径分析

1. 情感体验的中介作用

根据情感启发式模型和双加工理论,情感等非理性因素在决策过程中发挥着重要作用。分析推理需要情感这种非理性因素的引导才能发挥作用,合理的决策需要理性系统和经验系统的适当结合。投资者在做出决策时,公司的经营业绩和未来前景作为影响投资者资金投向的重要依据,影响着投资者的投资意愿与决策行为,这是理性系统在缜密分析下所做的推理判断。但在实践过程中,面对不确定、复杂的资本市场环境,投资者通常倾向于依靠情感体验的引导做出决策。

已有研究表明情绪都能影响投资者的行为。情感体验会影响投资者对风险忍受的程度,乐观情绪使投资者对风险的忍受程度更高,而悲观情绪使投资者"损失趋避"的程度增加。当投资者对一家公司的情感评价倾向于"喜欢"时,他将高估公司投资决策的收益,低估相应的风险,提高投资意愿和投资水平;反之,投资者对一家公司的情感评价倾向于"不喜欢"时,他会对信息作比较仔细的分析和更挑剔的评估,降低投资意愿和水平。基于以上分析,本书推测,在阅读不同可读性的年报时,投资者会产生积

极或消极的情感体验,可读性高的年报会激发投资者的积极情绪,增强投资者对该公司的外显投资意愿;反之,可读性低的年报会激发投资者的消极情绪,降低投资者对该公司的外显投资意愿。由此,本节提出如下假设:

H6:在不同可读性的年报对投资者外显投资意愿的影响过程中,投资者触发的积极情绪发挥显著中介作用。

H7:在不同可读性的年报对投资者外显投资意愿的影响过程中,投资者触发的消极情绪发挥显著中介作用。

2. 信任感知的中介作用

随着有限理性决策理论研究的不断深入,导致决策者有限理性的另一重要因素——信任感知备受关注。各领域学者对信任的重要作用达成了共识:信任是一切涉及交易或交换关系的基础。在投资决策过程中,投资者的第一印象来源于对上市公司信息的收集和评估过程,投资者通过阅读或者其他的直观感受产生对上市公司及其管理层的信任度感知,进而影响投资者的决策行为。当企业披露可读性高的年报时,可能会增强投资者对企业及其管理能力等方面的信任感知,提升投资者对公司的好感度,进而增强投资者的外显投资意愿;当企业披露可读性低的年报时,可能会降低投资者对企业及其管理层在能力、诚实和善意方面的信任评价,进而使投资者降低外显投资意愿。据此,本节提出以下假设:

H8:在不同可读性的年报对投资者外显投资意愿的影响过程中,投资者触发的信任感知发挥显著中介作用。

4.4.3 实验设计

根据构建的理论模型,本章的研究展开了严谨的实验设计,包括实验对象的选择、实验材料的准备、实验过程及实验程序等。

一、实验对象

本节研究的实验对象选择经济管理学院有财务基础的学生 80 名,要求所有实验对象均有股票、基金、证券等理财产品投资经验。在正式实验过程中招募被试 80 名,其中男性 25 名,女性 55 名,年龄在 18~30 岁之间。

对正式实验收集到的数据进行整理并删除无效数据后,本节的研究共收集到有效数据 79 个,样本基本信息统计如表 4-18 所示。

表 4-18 样本基本信息统计

变量	分类	数量	百分比
性别	男	25	31.65%
	女	54	68.35%
年龄	18～23 岁	54	68.35%
	24～30 岁	25	31.65%
受教育程度	本科	17	21.52%
	研究生	60	75.95%
	博士	2	2.53%
是否阅读过年报	是	47	59.49%
	否	32	40.51%
是否学过会计学、经济学、金融学相关知识	是	61	77.22%
	否	18	22.78%
投资经验	3 年以内投资经验	71	89.87%
	3 年以上投资经验	8	10.13%
	总计	79	100.00%

最终样本数据呈现如下特点:受教育程度全部为本科及以上,以研究生为主,占比75.95%;59.49%的被试曾阅读过年报,77.22%的被试学过会计学、经济学、金融学相关知识,全部被试都有过投资经验。样本特征符合本节的研究特定的投资决策实验场景和研究目的。

二、实验材料

1. 投资决策背景材料

投资决策背景材料为 4 份不同公司的简易年报。为了排除现有公司年报相关因素的影响,我们基于上海证券交易所披露的上市公司年报设计了本实验所需的简易年报。我们通过阅读归纳现有沪深 A 股上市公司的超过 100 份年报,挑选出年报中具有代表性的公司简介、行业情况、报告期内主要经营情况以及公司前景展望等信息,并进行必要的修改、删减,去掉公司名称等特征信息,得到包含以上 4 项关键信息的简易年报。将简易年报按财务状况的利好及利差分为盈利公司简易年报和亏损公司简易年报两大类,然后通过改变句子和段落的长短以及呈现格式(突出段落标题、突出主要数据)的方式改变这两大类简易年报的可读性,同时控制不同可读性的简易年报所包含的信息及信息内容不发生改变,最终得到了 2(可读性:高、低)×2(财务状况:利好、利差）共 4 家不同公司的简易年报材料,其中,A、B 公司盈利,C、D 公司亏损,A、C 公司年报可读性高,B、D 公司年报可读性低。

2. 观测量表部分

根据实验目的设计了实验过程中所需要的观测量表,具体包括背景材料阅读反馈量表、外显投资意愿量表及被试基本信息问卷。其中阅读反馈量表设计了 4 个题项,用来检验被试阅读材料的认真程度;外显投资意愿量表则设计了 3 个题项,用来测评被试的投资意向外显态度;被试基本信息问卷设计了 8 个题项,用来调查被试的背景信息。

3. IAT 实验材料

本实验采用内隐联想测验(Implicit Association Test,IAT)测量投资者内隐态度。IAT 程序中存在两个维度的刺激材料,分别为"类别维度"和"属性维度",两个维度刺激材料的具体内容需选取较能代表这两个维度的文字、图片或动画等。在本节的研究中,根据实验目的和要求,"类别维度"的刺激材料采用投资决策背景材料中的简易年报的图片版本,共 24 张(A、B、C、D 公司各 6 张),"属性维度"的刺激材料选择能代表投资者投资意愿的两类词语,共 12 个:①投资意愿积极类词语共 6 个,指能够典型代表投资者愿意投资该公司的词语,包括希望、支持、乐意、愿意、倾向、想要;②投资意愿消极类词语,指能够典型代表投资者不愿意投资该公司的词语,共 6 个,包括拒绝、否定、不投、否决、放弃、不肯。在本节的研究中属性词的选择通过广泛征集、层层筛选与考核等步骤,最终得到了两类属性词满足本实验的要求。

(1)"类别维度"刺激图片

刺激图片采用投资决策背景材料中的简易年报的图片版本,特征明显,可作为 IAT 实验中的刺激图片。

(2)"属性维度"刺激词语

由于本节的研究重点探索投资者投资意愿方面的态度,在"属性维度"刺激词的选取方面需要严格区分出每组词语是否刺激到被试关于投资意愿的态度,因此相对于传统的内隐联想测验,本节的研究在实验程序中属性词的选取方面略有不同。

首先,实验程序中的属性词需要符合投资决策情景,能准确代表投资者投资意愿方面的态度。对此,我们先抽取了北京邮电大学有财务基础和投资经验的学生 30 名,要求他们从积极和消极两个角度分别写出最能代表投资者投资意愿态度的 2 组词语,每组词语最少 10 个,我们通过语料库在线网站对收集到的这些词语进行频率统计,并筛选出频率大于 4 次的词语,得到了代表投资者投资意愿的积极词语 13 个、消极词语

13个。在此基础上，我们再次抽取了北京邮电大学有财务基础和投资经验的学生40名（排除之前写词语的30名学生），请他们模拟真实的投资决策场景，在5点评分量表中对以上步骤筛选出的代表投资意愿的两组词语（积极词语、消极词语）进行打分，评价这些词语是否能表达投资者对上市公司"愿意进行投资/不愿意进行投资"的态度（其中"1"代表非常不同意，"5"代表非常同意）。我们回收了有效问卷38份，通过对每个词语的分均值、众数、4分和5分出现次数总和以及5分出现次数等指标赋予相应权重来加权计算每个词语的最终得分，分别从积极组和消极组选择最终得分排名最靠前的10个词语作为IAT实验备选的刺激词语。

属性词除了要符合投资情景的要求外，还要满足心理学实验对刺激词在效价（即情绪的正负性，从积极到消极、从愉悦到不愉悦）和唤醒度（即情绪激活的程度，从平静到兴奋）两个维度的要求。为了区别不同类属性词的刺激效果，代表投资意愿的积极词语与消极词语之间需要有明显的效价区分。与此同时，为了保证实验结果的准确性，还要求这两类词语的唤醒度统一维持在一个中等水平，原因在于过高的唤醒度带来的强刺激会使得被试在该词的反应时间过短，而过低的唤醒度则难以激发被试的反应，使得被试反应时间过长，这两种情况最终都会严重影响到研究结果的准确性。基于以上考虑，我们再度对以上挑选出的两组属性词（每组10个）进行了评估，通过9点评分量表从效价和唤醒度两个维度考察属性词是否满足要求。最终，我们回收了有效问卷40份，对平均值的比较结果表明，积极类属性词和消极类属性词在效价维度的评分有明显差异，符合要求。我们去掉了结果中唤醒度过高或过低的词语，使得每组词语的唤醒度保持在同一水平，最终在积极类属性词和消极类属性词中均筛选出了6个词语作为正式实验词语，积极类属性词包括希望、支持、乐意、愿意、倾向、想要，消极类属性词包括拒绝、否定、不投、否决、放弃、不肯。

到此本节研究的IAT实验词语筛选完成，实验材料确定阶段抽取的学生均不作为实验被试参与正式实验。

4. IAT软件编程准备

本节的研究采用内隐态度测量的主流软件Inquisit 5.0进行内隐联想测验。相对于其他心理学软件，采用Inquisit 5.0进行内隐联想测验具有以下优势：①能够呈现多种形式的刺激材料，包括文字、声音、图片、视频片断以及动画等刺激材料；②能够精确记录时间数据，它记录被试反应的精确度能够达到毫秒级别，可以充分满足内隐联想测验的要求，同时Inquisit 5.0还为实验提供基于正确率和反应时的多方反馈信息；③控制实验流程功能强大，支持在线实验。Inquisit 5.0作为目前内隐态度测量的主流软件,提供了丰富的 IAT 实验标准范式库,其 IAT 模板由 Greenwald 团队官方发布,具有较高的权威性。因此,本节研究的 IAT 程序采用了 Inquisit 软件最新的 5.0 版本进行编写,我们参照 Greenwald 团队提供的 IAT 标准模板,通过更改刺激材料、属性词等进行了程序编写,既快速设计了实验,又保证了实验的精度。

三、实验过程及实验程序

模拟真实投资环境设计实验,将实验任务按照公司盈余状况分成盈利(A&B)组和亏损(C&D)组两组独立进行,每个被试均需进行两组任务,任务顺序随机。被试作为投资者假定拥有 100 000 元待投资资金,阅读一组公司年报后,通过问卷调查测度被试投资意愿的外显态度,通过内隐联想测验测量被试投资意愿的内隐态度,最后在决策界面填写投资金额,做出最终投资决策。

1. 实验准备

实验开始前,向被试介绍实验流程和任务,告知被试作为投资者拥有 100 000 元可投资资金,提醒被试市场有风险,请他们在阅读公司年报、填写外显态度问卷并完成内隐联想测试后,谨慎做出最终投资决策。在全面理解实验流程和规则后,被试开始进行两组正式实验。

2. 正式实验

每组正式实验开始后,被试阅读该组实验对应的两份简易年报材料(阅读顺序随机),阅读完成后被试填写阅读反馈(涉及主营业务、利润情况、行业趋势等),反馈填写完全正确视为对两家公司的年报充分了解了,被试填写投资意愿问卷,测量外显态度。

外显态度测量完成后,被试进行内隐联想测验。IAT 实验标准流程包括 7 个步骤,其中 1、2、5 为练习步骤,3、4 与 6、7 为正式实验数据采集步骤,每个测验步骤都会先呈现指导语,被试需按照指导语的要求对计算机屏幕上出现的目标图片或属性词通过按键盘上的"D"或"K"键进行反应,不同目标图片与属性词的判断反应顺序随机出现。IAT 实验流程见表 4-19。

表 4-19 IAT 实验流程

步骤	任务要求	操作任务	示例	数据用途
1	目标图片区别作业	"D"键:A 公司年报 "K"键:B 公司年报	"D"键:A 公司年报 "K"键:B 公司年报	筛选实验对象
2	属性词区别作业	"D"键:积极类 "K"键:消极类	"D"键:支持 "K"键:否定	筛选实验对象

续表

步骤	任务要求	操作任务	示例	数据用途
3	初始合并练习	"D"键:A公司年报,积极类 "K"键:B公司年报,消极类	"D"键:A公司年报,支持 "K"键:B公司年报,否定	记录反应时间
4	初始合并作业	"D"键:A公司年报,积极类 "K"键:B公司年报,消极类	"D"键:A公司年报,支持 "K"键:B公司年报,否定	记录反应时间
5	反转目标图片区别	"D"键:B公司年报 "K"键:A公司年报	"D"键:B公司年报 "K"键:A公司年报	筛选实验对象
6	反转合并练习	"D"键:B公司年报,积极类 "K"键:A公司年报,消极类	"D"键:B公司年报,支持 "K"键:A公司年报,否定	记录反应时间
7	反转合并作业	"D"键:B公司年报,积极类 "K"键:A公司年报,消极类	"D"键:B公司年报,支持 "K"键:A公司年报,否定	记录反应时间

在步骤1的目标图片区别作业中,被试需按要求对屏幕中出现的年报图片作出反应,即当屏幕中出现的年报图片属于A公司年报时,被试按"D"键,当屏幕中出现的年报图片属于B公司年报时,被试按"K"键。在步骤2的属性词区别作业中,被试按要求对屏幕中出现的属性词作出反应,即当屏幕中出现的属性词属于代表投资意愿的积极类词语时,被试按"D"键,属于代表投资意愿的消极类词语时,被试则按"K"键。在步骤3的初始合并练习中,目标图片和属性词随机出现,被试需按要求尽快对目标图片和属性词共同作出反应,即当屏幕中出现A公司年报图片或代表投资意愿的积极类词语时,被试按"D"键,当屏幕中出现B公司年报图片或代表投资意愿的消极类词语时,被试按"K"键。步骤4和步骤3相同。在步骤5的反转目标图片区别中,按键规则出现改变,当屏幕中出现的年报图片属于B公司年报时,被试按"D"键,当屏幕中出现的年报图片属于A公司年报时,被试按"K"键。在步骤6的反转合并练习中,目标图片和属性词再次随机出现,被试需按要求尽快对目标图片和属性词共同作出反应,即当屏幕中出现B公司年报图片或代表投资意愿的积极类词语时,被试按"D"键,当屏幕中出现A公司年报图片或代表投资意愿的消极类词语时,被试按"K"键。步骤7和步骤6相同。

在实验过程中,被试在被告知实验背景并理解实验任务后将独立完成IAT,Inquisit 5.0程序会自动记录每个阶段的任务中被试的词语反应时以及该词语对应的按键反应是否正确。为了减少测验顺序对实验结果造成的影响,在测验过程中一半的被试先进行相容任务,再进行相容任务,即按上述7个步骤进行测验,另一半的被试则先进行不相容任务,再进行相容任务,即按照5、2、6、7、1、3、4的步骤进行测验。正式实验中呈现的序列示意图如图 4-3 所示。

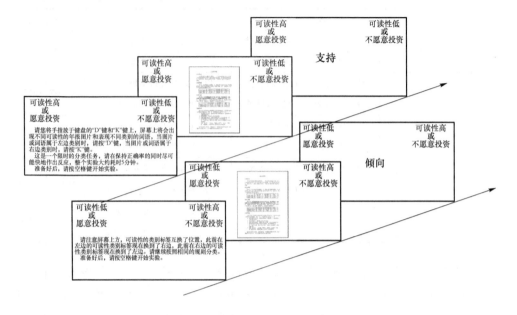

图 4-3　正式实验中呈现的序列示意图

完成内隐态度测量后,被试在决策界面做出最终投资决策,选择是否投资及具体投资金额(假定被试拥有 100 000 元待投资资金)。本组实验结束。

一组实验完成后,被试可以选择自由休息,准备好后继续进行第二组实验。完成两组实验后,被试填写基本信息,重新浏览 4 份简易年报,填写情感体验和信任感知量表,实验结束。

4.4.4　实证检验

一、可读性对投资意愿外显态度、内隐态度及投资者决策行为的影响

1. 可读性对投资意愿外显态度的影响

对样本数据进行配对样本 T 检验和均值分析,结果如图 4-4 所示,在盈利和亏损两种财务状况下,可读性均对投资意愿有显著影响:年报文本信息的高可读性将增强投资者的投资意愿,低可读性将减弱投资者的投资意愿。在盈利状况下,年报可读性高的公司的平均投资意愿($M=5.780\,6, SD=0.642\,5$)高于年报可读性低的公司的平均投资意愿($M=5.029\,5, SD=0.913\,9$),差异显著($t=7.934\,2, p=0.000\,0$);在亏损状况下,年报可读性高的公司的平均投资意愿($M=3.354\,4, SD=1.120\,0$)高于年报可读性低的公司的平均投资意愿($M=2.8945$, SD$=1.1942$),差异显著($t=4.5744$, $p=0.0000$)。

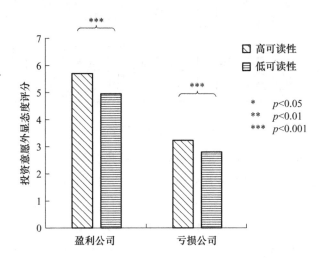

图 4-4　不同盈余状况下投资者投资意愿外显态度评分

用被试对年报可读性高的公司的投资意愿评分均值减去被试对年报可读性低的公司的投资意愿评分均值,可得到投资意愿外显态度偏好指标 K,如表 4-20 所示,对外显态度指标 K 进行单样本 T 检验可以发现,投资意愿外显态度指标 K 值与 0 差异显著(在盈利状况下 $t=7.9342$, df$=78$, $p=0.0000$;在亏损状况下 $t=4.5744$, df$=78$, $p=0.0000$)。

表 4-20　不同盈余状况下投资者投资意愿外显态度指标结果

外显态度指标 K	最小值	最大值	平均值	标准差
盈利状况	−0.3333	4.6667	0.7511***	0.8414
亏损状况	−2.3333	2.3333	0.4599***	0.8936

注:***表示显著性水平为1%(双尾)。后同。

上述分析表明,在控制公司财务状况的情况下,年报可读性会影响投资者的投资意愿外显态度。公司披露可读性高的年报信息能够使被试者产生更加积极的外显态度,即投资者对拥有高可读性的年报的公司存在更积极的外显态度。假设 H1 得以证实。

2. 可读性对投资意愿内隐态度的影响

本节的研究参考 Greenwald 等人提出并不断改进的方法对 IAT 实验数据进行处理,具体处理步骤如图 4-5 所示。

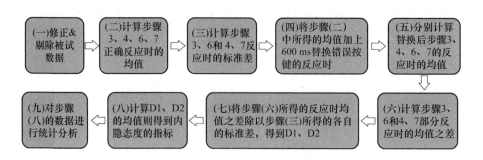

图 4-5　IAT 数据处理方法

在盈利和亏损情况下的被试 IAT 数据处理结果分别见表 4-21 和表 4-22。统计结果表明,无论是在盈利还是在亏损的财务状况下,当可读性高的年报与积极类属性词归为一类以及可读性低的年报与消极类属性词归为一类时,反应时短;当可读性高的年报与消极类属性词归为一类以及可读性低的年报与积极类属性词归为一类时,反应时长。这表明,在投资者的认知结构中"高可读性"和"积极评价"之间联系较为紧密,"低可读性"和"消极评价"之间联系紧密。对内隐态度指标 D 进行单样本 T 检验,结果表明,在盈利和亏损两种财务状况下,被试在不一致任务(高可读性-消极/低可读性-积极)中使用的时间均显著多于在一致任务(高可读性-积极/低可读性-消极)中所使用的时间,内隐态度指标 D 值与 0 差异显著(在盈利状况下 $t=16.0375, df=78, p=0.0000$;在亏损状况下 $t=14.5015, df=78, p=0.0000$)。

表 4-21　在盈利状况下投资者投资意愿内隐态度统计结果

指标值	最小值	最大值	平均值	标准差
步骤 3、6 部分的 D1 值	−0.3269	1.5120	0.6659	0.4485
步骤 4、7 部分的 D2 值	−0.6810	1.3327	0.6436	0.3919
内隐态度指标 D	−0.3007	1.3283	0.6547***	0.3629

表 4-22　在亏损状况下投资者投资意愿内隐态度统计结果

指标值	最小值	最大值	平均值	标准差
步骤 3、6 部分的 D1 值	−0.6762	1.5115	0.6143	0.4904
步骤 4、7 部分的 D2 值	−0.6420	1.4087	0.5899	0.4148
内隐态度指标 D	−0.2718	1.2885	0.6170***	0.3782

由上述分析可知,在控制公司财务状况的条件下,年报可读性会影响投资者投资意愿的内隐态度,实验结果表明投资者更偏好投资年报可读性较高的公司,即对拥有

高可读性年报的公司存在更积极的内隐态度。假设 H2 得以证实。

3. 可读性对投资者决策行为(投资金额)的影响

对被试最终投资决策数据进行配对样本 T 检验和均值分析,实验结果如图 4-6 所示,在不同财务状况下,可读性对决策行为有显著影响:当公司盈利时,年报可读性高的公司的平均投资金额($M=57\,203.797\,5$,$SD=23\,999.286\,5$)高于年报可读性低的公司的平均投资金额($M=41\,507.341\,8$,$SD=25\,155.697\,8$),差异显著($t=9.459\,6$,$p=0.000\,0$);当公司亏损时,年报可读性高的公司的平均投资金额($M=14\,240.506\,3$,$SD=20\,986.696\,1$)高于年报可读性低的公司的平均投资金额($M=9\,126.582\,3$,$SD=17\,086.032\,0$),差异显著($t=3.582\,0$,$p=0.001\,0$)。

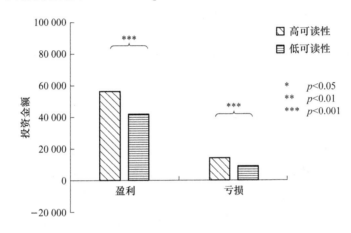

图 4-6　在不同盈余状况下投资者决策行为(投资金额)对比

用被试对年报可读性高的公司的投资金额均值减去被试对年报可读性低的公司的投资金额均值,得到被试投资金额差值 A,如表 4-23 所示。将这一值作为衡量被试最终投资决策行为偏好的指标,对 A 进行单样本 T 检验可以发现,A 的值与 0 差异显著(在盈利状况下 $t=9.459\,6$,$df=78$,$p=0.000\,0$;在亏损状况下 $t=3.582\,0$,$df=78$,$p=0.001\,0$)。

表 4-23　在亏损状况下投资者投资意愿内隐态度统计结果

投资金额差值 A	最小值	最大值	平均值	标准差
盈利状况	−10 000.000 0	60 000.000 0	15 696.455 7***	14 748.351 2
亏损状况	−30 000.000 0	60 000.000 0	5 113.924 1***	12 689.575 1

通过上述分析可知,在公司财务状况一定的情况下,公司年报可读性的高低会影响投资者的决策行为。实验结果表明,对于年报可读性高的公司,投资者更倾向于投

资更多金额,对于年报可读性较低的公司,投资者的投资金额较低。假设 H3 得以验证。

二、外显态度、内隐态度及决策行为之间的关系分析

为检验投资者外显态度、内隐态度及决策行为之间的关系,本节的研究采用当前内隐态度研究领域的主流方法,通过态度的外显测量和内隐测量之间的相关程度(以相关系数 r 表示),来对外显态度和内隐态度的关系做出推论,结果如表 4-24 所示,可见在财务状况一定的情况下,投资意愿的外显态度与内隐态度相关性不显著,即二者是相互独立的,这支持了本节的研究的假设 H4。

表 4-24　在不同财务状况下内隐态度与外显态度相关分析结果

财务状况	投资者态度	内隐态度指标 D	
		r	p
盈利	外显态度指标 K	0.061 2	0.591 9
亏损		0.098 0	0.390 3

对外显态度和内隐态度与决策行为之间的相关关系进行分析,结果如表 4-25 所示,可以发现在公司财务状况一定的前提下,被试者的投资意愿外显态度与最终决策行为间的相关关系显著(盈利:$r=0.509\,1,p=0.000\,0$。亏损:$r=0.491\,6,p=0.000\,0$),而投资意愿内隐态度与决策行为间的相关关系不显著(在盈利状况下 $r=0.064\,1,p=0.574\,8$;在亏损状况下 $r=0.168\,5,p=0.137\,6$)。

表 4-25　在不同财务状况下外显态度、内隐态度与决策行为偏好相关分析结果

财务状况	投资者态度	决策行为偏好指标 A	
		r	p
盈利	外显态度指标 K	0.509 1***	0.000 0
	内隐态度指标 D	0.064 1	0.574 8
亏损	外显态度指标 K	0.491 6***	0.000 0
	内隐态度指标 D	0.168 5	0.137 6

我们将外显态度和内隐态度引入回归方程,得到的复相关系数显著(盈利:$R=0.510\,1,F=13.367\,0^{***},p=0.000\,0$。亏损:$R=0.506\,3,F=13.098\,4^{***},p=0.000\,0$);将外显态度引入回归方程,得到的相关系数显著(盈利:$\beta=0.507\,0^{***},t=5.129\,5,p=0.000\,0$。亏损:$\beta=0.479\,7^{***},t=4.826\,4,p=0.000\,0$;将内隐态度引入

回归方程,得到的相关系数则不显著(盈利:$\beta=0.0330$,$t=0.3341$,$p=0.7392$。亏损:$\beta=0.1215$,$t=1.2226$,$p=0.2253$)。可见,在控制公司财务状况的条件下,投资者的外显态度会显著影响投资者的决策行为,并对行为结果具有较好的预测作用,而内隐态度对投资者的决策行为结果的预测作用则有限。假设 H5 得以验证。

三、可读性对投资意愿、决策行为的影响路径分析

1. 情感体验的中介效应

在盈利和亏损两种财务状况下,可读性不同的年报引起被试积极情绪和消极情绪均有显著差异。配对样本 T 检验的结果表明,在两种财务状况下,可读性高的年报触发的积极情绪(盈利:$M=4.9241$,$SD=0.7907$。亏损:$M=4.3327$,$SD=0.9155$)均与可读性低的年报触发的积极情绪(盈利:$M=3.4521$,$SD=1.0549$。亏损:$M=3.0434$,$SD=0.8539$)有显著差异(盈利:$t=12.5605$,$p=0.0000$。亏损:$t=10.8829$,$p=0.0000$);可读性高的年报触发的消极情绪(盈利:$M=1.9747$,$SD=0.7013$。亏损:$M=2.4882$,$SD=1.0457$)与文本信息可读性低的年报触发的消极情绪(盈利:$M=2.8318$,$SD=1.1764$。亏损:$M=3.1483$,$SD=1.1652$)有显著差异(盈利:$t=-7.0860$,$p=0.0000$。亏损:$t=-4.4607$,$p=0.0000$)。

回归分析的结果表明,在盈利和亏损两种财务状况下,年报可读性与不同可读性所引起的被试积极情绪和消极情绪均有显著相关性(盈利:积极情绪 $r=1.4720$,$p=0.0000$,消极情绪 $r=-0.8570$,$p=0.0000$。亏损:积极情绪 $r=1.2890$,$p=0.0000$,消极情绪 $r=-0.6600$,$p=0.0000$)。且不同可读性引起的积极情绪均与投资意愿显著正相关(盈利 $r=0.3450$,$p=0.0000$;亏损 $r=0.3930$,$p=0.0000$),消极情绪与投资意愿显著负相关(盈利 $r=-0.2180$,$p=0.0010$;亏损 $r=-0.2230$,$p=0.0060$)。

为进一步检验情感体验在可读性影响投资意愿过程中发挥的中介作用,本节的研究采取 Bootstrap 中介变量检验方法。样本量设置为 5000,置信区间选择 95%。中介变量检验结果如表 4-26 所示。

表 4-26 情感体验的中介效应

财务状况	路径	Effect	Boot SE	Boot LLCI	Boot ULCI
盈利	直接路径	0.3860	0.1570	0.0750	0.6970
	总体间接路径	0.3650	0.1030	0.1730	0.5830
	积极情绪	0.3440	0.1440	0.1310	0.5800
	消极情绪	0.0210	0.0580	-0.0940	0.1390

续 表

财务状况	路径	Effect	Boot SE	Boot LLCI	Boot ULCI
亏损	直接路径	−0.115 0	0.218 0	−0.546 0	0.317 0
	总体间接路径	0.575 0	0.131 0	0.331 0	0.852 0
	积极情绪	0.495 0	0.124 0	0.264 0	0.748 0
	消极情绪	0.080 0	0.060 0	−0.018 0	0.220 0

检验结果表明,在盈利状况下,区间(0.173 0,0.583 0)不含0,说明积极情绪和消极情绪两个中介变量共同发挥的中介作用显著,积极情绪和消极情绪共同的中介作用大小为0.365 0。分别来看,积极情绪发挥了显著的中介作用,中介作用大小为0.344 0,而消极情绪的中介作用并不显著。在控制了中介变量情绪以后,自变量可读性对因变量的直接作用显著,区间(0.075 0,0.697 0)不包含0。可见,当公司盈利时,所触发的投资者积极情绪在可读性对投资意愿外显态度的影响中发挥中介作用,而消极情绪的中介作用并不显著。在盈利状况下情感体验中介模型检验如图4-7所示。

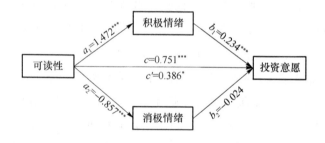

图4-7 在盈利状况下情感体验中介模型检验

在亏损状况下,区间(0.331 0,0.852 0)不含0,说明积极情绪和消极情绪这两个中介变量共同发挥的中介作用显著,作用大小为0.575 0。分别来说,在两个中介路径中,积极情绪发挥了显著的中介作用,作用大小为0.495 0,而消极情绪的中介作用不显著。在控制了中介变量情绪以后,自变量可读性对因变量的直接作用不显著,区间(−0.953 0,0.385 0)包含0,说明未曾遗漏其他中介。检验结果表明,当公司处于亏损状态时,积极情绪会在可读性对外显意愿的影响中发挥中介作用,而消极情绪的中介作用不显著。在亏损状况下情感体验中介模型检验如图4-8所示。

以上结果表明,在公司财务状况一定的情况下,投资者的积极情绪在可读性对投资意愿外显态度的影响中具有显著的中介作用,而消极情绪在此过程中的中介作用不显著。假设H6得到验证,假设H7未通过检验。

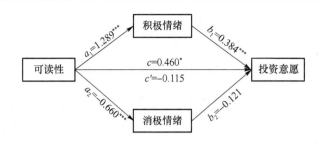

图 4-8 在亏损状况下情感体验中介模型检验

2. 信任感知的中介效应

配对样本 T 检验的结果表明,在盈利和亏损两种财务状况下,文本信息可读性高的年报引起的信任感知(盈利 $M=5.2553$,$SD=0.6755$;亏损 $M=4.8154$,$SD=0.6693$)均与文本信息可读性低的年报引起的信任感知(盈利 $M=4.3945$,$SD=0.7359$;亏损 $M=4.0011$,$SD=0.6820$)有显著差异(盈利 $t=9.2285$,$p=0.0000$;亏损 $t=9.3272$,$p=0.0000$)。且相关分析的结果表明,在盈利和亏损两种财务状况下,信任感知与投资意愿均有显著相关性(盈利 $r=0.4030$,$p=0.0000$;亏损 $r=0.5620$,$p=0.0000$)。

为进一步检验信任感知在可读性影响外显投资意愿过程中的中介作用,本节的研究采用 Bootstrap 中介变量检验方法进行中介效应检验,样本量设置为 5 000,置信区间选择 95%。中介检验结果如表 4-27 所示。

表 4-27 信任感知的中介效应

财务状况	路径	Effect	Boot SE	Boot LLCI	Boot ULCI
盈利	直接路径	0.404 0	0.138 0	0.131 0	0.676 0
	间接路径	0.347 0	0.088 0	0.189 0	0.535 0
亏损	直接路径	0.002 0	0.204 0	−0.401 0	0.405 0
	间接路径	0.458 0	0.114 0	0.248 0	0.698 0

在盈利状况下,中介检验的结果区间(0.189 0,0.535 0)不含 0,说明信任感知的中介作用显著,作用大小为 0.347 0,在控制了中介变量信任感知以后,自变量可读性对因变量的直接作用显著,区间(0.083 0,0.893 0)不包含 0,说明可能还存在其他中介,有待于进一步讨论。在亏损状况下,中介检验的结果区间(0.248 0,0.698 0)不含 0,信任感知的中介作用显著,作用大小为 0.458 0,在控制了中介变量信任感知以后,自变量可读性对因变量的直接作用不显著,区间(−0.401 0,0.405 0)包含 0,可见未曾遗漏其他中介。检验结果表明,在公司财务状况一定的情况下,信任感知能够对年

报可读性对投资者外显投资意愿的影响起到中介作用。假设 H8 得到验证。

我们通过 Bootstrap 中介变量检验方法进一步分析了信任感知的三个维度(诚实信任、善意信任、能力信任)在中介路径中发挥的作用。检验结果如表 4-28 所示。

表 4-28 信任感知三个维度的中介效应

财务状况	路径	Effect	Boot SE	Boot LLCI	Boot ULCI
盈利	直接路径	0.352 0	0.140 0	0.075 0	0.629 0
	总体间接路径	0.399 0	0.104 0	0.215 0	0.616 0
	诚实信任	0.000 0	0.065 0	−0.126 0	0.130 0
	善意信任	0.123 0	0.090 0	−0.035 0	0.321 0
	能力信任	0.276 0	0.119 0	0.050 0	0.523 0
亏损	直接路径	0.008 0	0.194 0	−0.376 0	0.392 0
	总体间接路径	0.452 0	0.132 0	0.206 0	0.724 0
	诚实信任	−0.074 0	0.069 0	−0.221 0	0.052 0
	善意信任	0.108 0	0.097 0	−0.062 0	0.316 0
	能力信任	0.418 0	0.114 0	0.213 0	0.660 0

当企业处于盈利状态时,区间(0.215 0,0.616 0)不包含 0,表明诚实信任、善意信任、能力信任三个中介变量共同发挥的中介作用显著,作用大小为 0.399 0。分别来看,在这三个中介路径中,只有能力信任发挥了显著的中介作用,中介作用大小为 0.276 0,而诚实信任、善意信任的中介作用并不显著。在控制了中介变量信任感知以后,自变量可读性对因变量的直接作用显著,区间(0.075 0,0.629 0)不包含 0。

以上检验结果表明,当公司盈利时,信任感知能够对年报可读性对投资意愿外显态度发挥中介作用,且在信任感知的三个维度中,能力信任具有显著的中介作用,而诚实信任和善意信任的中介作用不显著。在盈利状况下信任感知中介模型检验如图 4-9 所示。

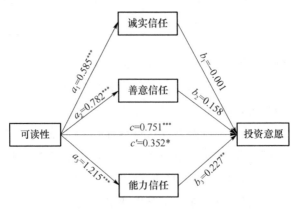

图 4-9 在盈利状况下信任感知中介模型检验

当企业处于亏损状态时,区间(0.206 0,0.724 0)不含 0,说明三个中介变量共同发挥的中介作用显著,作用大小为 0.452 0。具体来说,在三个中介路径中,能力信任发挥了显著的中介作用,中介作用大小为 0.418 0,诚实信任、善意信任的中介作用并不显著,在控制了中介变量信任感知以后,自变量可读性对因变量的直接作用不显著,区间(−0.376 0,0.392 0)包含 0。由此可知,在处于亏损状况时,信任感知能够对可读性对外显投资意愿的影响起到中介作用,且在信任感知的三个维度中,能力信任发挥了显著的中介作用,诚实信任、善意信任的中介作用不显著。在亏损状况下信任感知中介模型检验如图 4-10 所示。

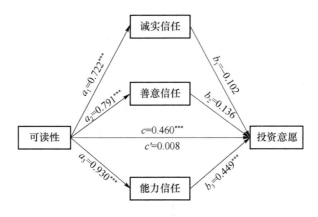

图 4-10 在亏损状况下信任感知中介模型检验

上述分析表明,在控制公司财务状况的条件下,投资者对企业的信任感知会在年报可读性对投资意愿外显态度的影响中发挥显著的中介作用,且在信任感知的三个维度中,能力信任能够发挥显著的中介作用,而诚实信任、善意信任的中介作用则不显著。

综上所述,除假设 H7 外,其余假设均得到证实。

4.4.5 结论

企业年报中的可读性、可理解性在很大程度上影响着投资者的态度,进而影响投资决策。本节的研究基于双重态度理论,借助于行为学实验和内隐联想测验相结合的方法,分析年报可读性对投资者投资意愿外显态度、内隐态度、行为决策的影响及其路径。根据实验结果和实证分析,本节的研究发现,年报的可读性对投资者的投资意愿与行为具有显著影响,在投资意愿方面,年报的可读性越高,投资意愿的外显态度和内隐态度越强烈;在投资者的决策行为方面,年报的可读性对决策行为的影响体现在可读性越高,投资者最终的投资金额越大,因而企业披露可读性高的年报能够促使投资者产生更积极的态度和投资行为。对投资者意愿和行为关系的进一步研究表明,在投资意愿中外显和内隐两种态度是相互分离、独立存在的,且投资意愿的外显态度更能预测投资决策行为。进一步地,本节的研究认为年报的可读性影响投资者外显态度进而影响投资者的决策行为是存在作用机制的,研究发现投资者的情感体验和信任感知在此过程中发挥了重要的作用:情感体验主要讨论了积极情绪和消极情绪在其中发挥的作用,在企业盈利或者亏损的情况下,积极情绪均会在可读性对投资意愿的影响中发挥中介作用,而消极情绪的中介作用不显著;信任感知主要关注诚实信任、善意信任、能力信任三个维度的影响,研究发现无论企业处于盈利还是亏损状态,能力信任均能够中介可读性对投资意愿外显态度的影响,而诚实信任和善意信任的中介作用不显著。总而言之,上市公司披露的年报中文本信息的可读性能够对投资者产生较大影响,通过影响投资者的情感体验和信任感知来影响投资者的投资意愿,进而左右着投资者的决策行为。这不仅为探究会计信息呈报格式与披露形式如何影响投资者有意识的认知活动(外显态度)和潜意识活动(内隐态度)提供了依据,也对我国上市公司信息披露实践的改进和资本市场信息披露体制的完善有所助益。

4.5 本章小结

上市公司年报中的非财务信息披露承载着丰富的信息,能够对企业披露的财务信息进行补充和拓展,向信息需求者提供有关企业的增量信息。近年来对于企业的非财务信息相关研究多集中在其产生的经济后果上,大多研究认为企业非财务信息披露能够缓解信息不对称程度,降低企业的融资成本,改善企业财务绩效,甚至提升企业价值。本章在已有研究的基础上,从信息披露的"语言转向"视角切入,细化了企业非财务信息披露效应的研究。在上市公司"语言转向"的背景下,文本信息披露的内容以及文本语言自身的关键特征产生的经济后果都值得关注。在年报非财务信息披露的内容方面,近年来监管部门和企业对反映诚信经营状况的信用信息披露的重视程度提高,然而相对于公司治理与经营、社会责任等信息,有关信用信息披露的学术研究仍处于起步阶段,因而本章探讨了上市公司年报中信用信息披露产生的经济后果,通过实证研究发现年报信用信息披露质量会降低企业的股权资本成本和债务资本成本。具体来说,上市公司年报信用信息披露的质量越高,股权资本成本越低,且这种效应在非国有企业中更为显著;此外,年报信用信息披露质量的提升对降低企业的债务资本成本有直接影响,同时信用信息披露也可以通过影响企业信用评级来对债务资本成本发挥间接作用。在年报文本信息的语言特征方面,可读性和语调是两大关键的文本信息特征,能够影响信息使用者对企业的认知。基于语言特征的关键性和已有研究的缺口,本章从双重态度模型出发,利用行为学实验和内隐联想测试的方法,检验了年报可读性对投资者的投资意愿与决策行为的影响及其机制,证实了上市公司年报中文本信息可读性的高低通过影响投资者的情感体验和信任感知来影响其投资意愿外显态度和内隐态度,进而影响投资者最终的决策行为(即投资金额)。本章对上市公司年报中非财务信息披露的语言转向的效应进行了研究,不仅丰富和拓展了学术界对企业信息披露的研究成果,还有助于企业披露实践的改进和我国资本市场信息披露体制的完善。

第5章 公司年报中视觉转向信息披露效应
——基于公司高管图片披露视角

5.1 视觉转向信息披露效应

近年来,随着年报可视化程度和可读性的提高,视觉图像在年报等文本中的出现频率越来越高和其在年报等文本中越来越重要,成为传递信息的新方式。视觉图像作为公司年报的一部分,可以传递管理信息,其形式可以是示意图、图片或照片,其中,人物照片(以高管照片为主)作为年报中视觉图像信息披露的一种主要形式,能够反映人的长相这一主要的先天特质,从而对信息使用者的感知产生影响。

目前学术界已有众多研究探讨公司高管的年龄、性别、任期、经验、受教育程度等后天特征与公司财务绩效的关系,也有部分学者对年报中高管照片等视觉图像反映出的高管先天特征与财务行为的关系展开研究,研究内容主要聚焦于高管先天特征与公司业绩表现之间的关系和高管先天特征对投资者决策判断的影响两个方面。在高管照片与公司业绩表现关系的研究层面上,已有研究发现高管照片能够通过展示高管外貌特征来影响读者对其特质的判断,从而对公司业绩、股票价格、企业价值等方面产生影响。在高管照片对投资者决策的影响方面,现有证据表明高管照片能够显示出高管长相这一先天特征,从而影响投资者的投资意愿和决策行为,且这种影响对中小投资者来说更加明显。

基于目前对视觉转向信息披露效应的已有研究,我们试图深入探究上市公司年报中披露的以高管照片为代表的视觉图像信息对投资者注意力和行为意愿的影响,以及产生影响的路径。即首先利用眼动追踪技术和行为学实验的方法捕捉高管照片植入公司年报对投资者注意力及行为意愿的影响;然后分析不同盈余状况下公司年报中披露的董事长照片对投资者投资意愿的影响及作用路径,从而为丰富并拓展相关领域的研究、促进上市公司信息披露实践的改进作出贡献。

5.2　高管照片植入公司年报对投资者注意力及行为意愿的影响

5.2.1　研究背景

面孔作为公司高管主要的先天特征,会影响利益相关者对公司经营管理能力和企业价值的感知,长相好的高管被认为更富有野心、更有权威性、更有能力、更有效率、更善于沟通、表现更为出色等。而在年报中披露高管照片这一视觉信息,能够反映高管长相这一先天特征,对公司利益相关者关系的创造和形成做出了巨大贡献,也在影响文本接收者的态度方面发挥了重要作用。

目前已有一些关于不同领域的人外貌影响的研究,比如政治候选人的长相会影响选举结果,劳动力市场中存在"相貌歧视",网络借贷平台中申请者的颜值与借贷成功率相关,高管长相在 IPO 市场中存在"美貌溢价"等。那么年报中披露的高管照片是否会对投资者产生影响呢?虽然年报中的视觉图像得到了一些研究者的关注,但是针对年报中披露的人物照片尤其是高管照片这一特定视觉图像的研究非常少。同时现有研究主要是采用理论分析和案例分析的方法分析年报中视觉图像传递的信息含义及可能对投资者产生的影响,但是年报中的高管照片具体会对投资者产生何种影响是目前尚未被研究的问题。

基于上述背景,本章将公司年报中披露的高管照片是否会影响投资者的注意力和行为意愿作为探究的关键问题。本章将采用行为学实验与眼动实验相结合的跨学科研究方法,利用行为学实验模拟真实的投资情景,利用眼动追踪技术测量投资决策过程中的注意力分配,并结合问卷调研法测量投资者的行为意愿,探究年报中高管照片这一视觉图像的披露对投资者的注意力分配和行为意愿的具体影响。本章的具体研究内容将分为以下几个部分:①研究年报中高管照片的植入对投资者注意力的影响;②研究年报中高管照片的植入对投资者行为意愿的影响;③研究投资者的注意力分配与行为意愿之间的关系;④研究高管照片对投资者行为意愿的影响是否因投资者的个体特质不同而存在差异。

5.2.2 理论模型建立

一、在年报中植入高管照片对投资者注意力的影响

主席报告书中的本年度业绩是财务报告中关键指标的概括，重点反映公司的盈余状况，帮助投资者判断公司的盈利能力。其中，高管照片这种可视化的披露作为叙述性文本信息的补充，传递了一种公司高管的阳刚和权力的象征性信息，能够帮助投资者推断公司管理层的个性特质和领导力，影响投资者的信任感知，有助于增强投资者对公司管理层的信任感，从而对投资决策产生影响。当年报中的财务信息与符合传统形象的、可信任的高管肖像一起呈现时，能增强公司财务信息的可信度，因为高管是与这些财务信息直接挂钩的，而财务数字的可靠性又是投资者决策时考虑的首要因素。投资者会分配更多的注意力到他们认为更重要的信息上。基于此，可以提出本节研究的假设H1：

H1：董事长照片的披露会让投资者更加关注主席报告书中的本年度业绩信息。

除了当前的发展状况外，一家公司未来的发展前景也是投资者决策时的重要考虑因素。主席报告书中的前景展望部分描述公司的经济环境和管理层对未来的预期，能帮助投资者更好地了解公司面临的经济形势并对其未来发展趋势进行预测，从而判断该公司未来的发展前景。在这个过程中，股息也是一些投资者考虑的重要内容。

高管是公司重要的人力资源，董事长照片作为公司高管长相的一种直接呈现方式，能让投资者对负责公司事务的商业精英形象有一个更直观和具体的感知。公司高管的外貌特征能反映其个人能力，高管照片传递出的高管长相信息能帮助投资者更好地推断出高管的个性特征和领导能力。进一步地，公司高管的长相能够帮助投资者感知公司价值。高管形象能体现公司的三大无形资产：知识性资产、象征性资产和社会性资产。公司高管的领导能力作为公司的一种资产，能帮助公司形成更高的市场价值，让投资者对公司的未来业绩更有信心。

高管照片向投资者提供了关于公司商业领导力的信息，帮助投资者形成对公司未来前景的预期，并以一种特有的方式形成投资者对公司价值的感知。对投资者来说，这种图像信息的传递方式可能在吸引力、理解和记忆保留方面比文本信息更具优势，所以会使投资者减少对前景描述的文字信息的关注。同时，当投资者对公司未来前景感知良好时，可能更关注未来公司的价值，相应减少对股息的关注度。基于此，提出本节研究的假设H2和假设H3：

H2：董事长照片披露会让投资者减少关注主席报告书中关于前景展望的叙述性信息。

H3：董事长照片披露会让投资者减少关注主席报告书中关于股息的叙述性信息。

二、在年报中植入高管照片对投资者行为意愿的影响

投资者阅读年报中主席报告书的主要目的是获取进行投资决策时所需要的信息，因此主席报告书披露内容的性质、数量和质量会影响投资者的信息获取及加工过程，以及最后做出的决策。董事长照片这一特定视觉图像的植入作为叙述性文本信息的补充，具有五个方面的好处：第一，视觉图像能够比文字更清楚地表达意图和感觉，如果视觉图像设计得好，可能在吸引力、理解和记忆保留方面比文字更有价值；第二，图像以一种阅读者都能理解的方式提供更多的信息，具有生动视觉图像的年报能吸引读者的注意力，说服力更强，同时也能引发读者的情感体验；第三，年报中的视觉信息可以作为对利益相关者提供的补充信息，很可能提高公司年报的可信度；第四，视觉图像的信息更容易被读者记住；第五，视觉图像能比文本传递更多样化、更复杂的信息。可见，在年报中披露董事长照片这种视觉图像信息能够增加主席报告书的信息量和显著性，从而导致信息使用者的注意力差异，而注意力会影响个体的决策行为。基于此，本节的研究认为主席报告书中董事长照片的植入会影响投资者的决策行为，提出本节研究的假设 H4：

H4：主席报告书中董事长照片的披露会显著增强投资者的投资意愿。

三、投资者注意力与投资者行为意愿的相关性

根据 SOR（刺激-有机体-反应）理论，当投资者阅读主席报告书时，通过眼睛读取的主席报告书就是投资者所处的视觉环境，投资者关注能给自己的决策带来线索的信息，这些信息就是环境刺激，投资者接收刺激，形成认知，最终影响其行为。在此过程中，由注意力相关理论可知，个体处理大量视觉刺激的能力有限，必须选择重点关注某一些部分。大脑必须撤回对某些信息的注意力以便更有效地处理其他信息。注意力主要由刺激物的信息量和显著性决定。信息量是指刺激物增加个体的知识或减少对要实现的目标的不确定性的能力。显著性是指一个刺激物在其他刺激物中脱颖而出的能力。因而当个体感知到刺激物包含能够帮助他们实现特定目标的信息或具备强感知特征（比如色彩、图片等）时，才会为该刺激物分配更多的注意力，即当刺激物同时具备信息量和显著性时将会收到更多的注意力。注意力又会进一步影响个体的偏好、记忆和选择。当投资者对某一部分的关注时间越长，即投入越多的注意力资源时，相

应获取到的与决策相关的信息量会越多,越能帮助投资者判断公司价值,从而影响其投资意愿。主席报告书和高管照片具备信息量和显著性的双重特征,因而可以得出以下假设:

H5:投资者对高管照片关注的时间越长,投资者的投资意愿越强烈。

H6:投资者对主席报告书整体关注的时间越长,投资者的投资意愿越强烈。

四、高管照片对不同特征投资者的影响差异

1. 高管照片对不同性别投资者的行为意愿影响差异

在投资领域,很多研究涉及男性和女性的不同特质使他们在投资过程中产生显著不同的表现。已有研究表明,女性一般比男性自信心更弱,更加厌恶风险,更加以社会为导向,更加无私,且竞争性更弱,所以女性在投资决策过程中会更多地考虑如何规避风险,然而这并不能说明女性的投资能力就一定比男性弱。国内外研究普遍认为,男女的投资风格差异虽然明显,但最终收益状况却基本一致,甚至在某些特定市场环境下,女性的投资决策会更胜一筹。同时,女性通常被认为是更感性的,更容易关注图像类等非文字信息,从而引发情感共鸣,形成自己独特的线索感知和价值判断;男性通常被认为是更理性的,更容易关注文字、数字等信息,从中获取有价值的信息。年报中植入的男性高管照片作为视觉图像这种附加信息,会引起女性投资者的更多注意力,从而为其决策过程提供更多有用的信息。基于此,可以得出假设 H7:

H7:相对男性投资者,高管照片对女性投资者的行为意愿影响更显著。

2. 高管照片对不同财务背景投资者的行为意愿影响差异

财务背景是投资者掌握的财务知识,是影响投资者决策的重要因素。财务知识的掌握程度会影响投资者的自我肯定,从而影响投资者投资决策的选择。研究发现投资者的财务认知影响投资决策,低的金融认知程度会导致股票投资行为的减少。财务背景弱的投资者专业性差,决策过程相对偏感性,相信情绪和直觉,而财务背景强的投资者相对偏理性,通常倚重数据、分析、流程,两者的决策过程存在差异。财务背景更强的投资者能从传统的文字和数字信息中通过专业分析和判断获取足够的决策所用的信息,可能减少对高管照片的信息解读。而财务背景更弱的投资者对传统的文字和数字信息理解力相对较弱,可能更倾向于从图像等附加信息中获得补充信息来增进对公司价值的判断。

H8:相较财务背景强的投资者,高管照片对财务背景弱的投资者影响更显著。

5.2.3 研究设计

一、变量界定

研究主题为高管照片植入公司年报对投资者注意力及行为意愿的影响,因此界定自变量为年报中是否披露高管照片,界定因变量为投资者注意力和投资者的行为意愿,其中,投资者注意力采用投资者对年报内容各个部分的关注时长度量,投资者的行为意愿涉及投资意愿、推荐意愿和愿意投资金额三个方面。

二、实验对象

本节的研究以北京邮电大学经济管理学院的在读研究生为实验对象。在进行实验前,通过在学校论坛发布招募信息,筛选报名者,最后确定了北京邮电大学经济管理学院的60位有财务基础和投资经验的研究生同学作为本次实验的被试对象。所有实验对象的矫正视力均在1.0以上,色觉正常,均为右利手,符合眼动实验的基本条件。最终实验数据有效的被试共49人,其中男性22人,约占44.9%,女性27人,约占55.1%。年龄在20~24岁的被试43人,占比约为87.8%,25~30岁的被试6人,占比约为12.2%,所有实验对象上过的财务相关课程平均数为3.39门,有过投资经验的实验对象为44人,占比约为89.8%。

三、实验材料

香港交易所上市公司年报中的主席报告书与深圳证券交易所、上海证券交易所年报中的管理层讨论与分析类似,是对年报披露内容的浓缩和概括,是年报使用者最广泛阅读的内容之一。因此,本实验根据香港交易所主板上市的公众公司披露的年报中主席报告书的格式,设计了两份不同的主席报告书作为实验材料,两份主席报告书的内容均分为业务回顾、本年度业绩、前景展望、股息、致谢五个部分,其差别是有无披露董事长照片。

为了排除个体差异的影响,正式实验采用的是配对样本分析,即同一个实验对象要阅读有董事长照片和无董事长照片两份主席报告书实验材料。为排除文字部分内容重复对阅读关注度的影响,需要设计文字话述不完全一样,但是核心内容对投资者来说无差异的两份实验材料。为了验证实验材料文字部分的无差异性,在实验前让经济管理学院会计专业的58名学生根据两份实验材料的文字部分进行内容差异性感知和投资意愿打分,对打分结果进行配对样本T检验,结果证明两份主席报告书文本的内容表述和投资意愿无显著差异($M1=4.7760, M2=5.0170; t=-0.9740, P=0.1660$)。实验材料中的照片是从真实年报中挑选出的信任度评分较高的董事长照片。

实验分成两组:第一组是实验组,实验材料是植入董事长照片的主席报告书;第二组是对照组,实验材料是没有董事长照片的主席报告书。照片与两份无差异的文本是随机匹配的。为了减少其他因素对实验的干扰,实验材料的篇幅都被控制在一页。两份实验材料如图5-1和图5-2所示。为了方便眼动结果分析,将两份实验材料进行了兴趣区域的划分,并进行编号。在有照片的实验材料中,将董事长照片、业务回顾、本年度业绩、股息和致谢部分分别命名为photo、A1、A2、A3、A4、A5;在无董事长照片的实验材料中,将业务回顾、本年度业绩、股息和致谢部分分别命名为B1、B2、B3、B4、B5。两份实验材料的兴趣区域划分如图5-3和图5-4所示。

主席报告书

业务回顾
2016年是本集团破茧化蝶的一年,我们在自主品牌业务和销量上有很大突破。2016年,本集团国内汽车产销分别为2 369.73万辆和2 346.65万辆,全年汽车产销同比增长分别为7.24%和6.84%,增速小幅上升,比上年分别提高1.52和1.02个百分点。

本年度业绩
2016年,面临汽车市场整体增速放缓、竞争日益加剧的不利局面,本集团合计实现整车销售157.52万辆,同比增长16.8%。2016年,本集团实现营业收入约人民币2 042.96亿元,同比增长约7.95%,实现归属本公司权益持有人的利润人民币40.84亿元,同比增长21.08%。

前景展望
2017年,面临宏观经济下行的压力,汽车市场将处于自主崛起与电动智能带来的双变革中,机遇与挑战并存。为此,本届董事会将着重做好以下两方面的工作:一是依法治企、确保合规经营,提升规范运作水平;二是以创新驱动企业发展。全体董事坚信,通过上述努力,本集团2017将取得更大的发展,并将以优异的业绩回报股东,回馈社会。

股息
董事局建议就截至2016年12月31日的财政年度派发末期每股股息0.066元。

致谢
最后,本人谨此向一年来付出辛勤努力的管理团队、全体员工、业务伙伴,以及支持和关心我们的全体股东表示衷心的感谢!本集团将秉持"人为本、信为道、创为先"的企业理念,齐心协力,为股东创造更大的回报!

董事长
2016年12月31日

图5-1 实验材料1:有董事长照片的主席报告书

第 5 章　公司年报中视觉转向信息披露效应——基于公司高管图片披露视角

主席报告书

业务回顾
　　2016年度，本集团充分发挥市场调试机制，优化资源分配，在自主品牌业务和销量上都有很大突破。2016年，本集团国内汽车产销分别为2 372.29万辆和2 349.19万辆，全年汽车产销同比增长分别为7.26%和6.86%，增速小幅上升，比上年分别提高1.54和1.04个百分点。

本年度业绩
　　2016年，本集团连同合营、联营公司实现营业收入约人民币2 042.17亿元，同比增长约7.96%，实现净利润约人民币40.85亿元，同比增长21.07个百分点。

前景展望
　　2017年是我国推进全面深化改革的关键年，国家将按照"四个全面"战略布局，坚持稳中求进的总基调，经济运行将保持在合理区间。2017年，汽车行业发展仍处于可以大有作为的重要战略机遇期，有巨大的潜力、韧性和回旋余地，新型工业化、信息化、城镇化持续推进带来的汽车消费的刚性需求仍将持续。预计2017国内汽车销量同比增长约7%，行业总体仍将保持稳定发展态势。全体董事坚信通过努力，本集团2017年将取得更大的发展，并将以优异的业绩回报股东，回馈社会。

股息
　　董事局建议就截至2016年12月31日的财政年度派发末期每股股息0.06元。

致谢
　　最后，本人谨对一直以来支持本集团发展的各界朋友、投资者、业务伙伴、管理团队及全体员工表示感谢。本集团将秉持"人为本、信为道、创为先"的企业理念，齐心协力，为股东创造更大的回报！

董事长
2016年12月31日

图 5-2　实验材料 2：无董事长照片的主席报告书

主席报告书

业务回顾
　　2016年是本集团破茧化蝶的一年，我们在自主品牌业务和销量上有很大突破。2016年，本集团国内汽车产销分别为2 369.73万辆和2 346.65万辆，全年汽车产销同比增长分别为7.24%和6.84%，增速小幅上升，比上年分别提高1.52和1.02个百分点。

本年度业绩
　　2016年，面临汽车市场整体增速放缓、竞争日益加剧的不利局面，本集团合计实现整车销售157.52万辆，同比下降16.8%。2016年，本集团实现营业收入约人民币2 042.96亿元，同比增长约7.95%，实现归属本公司权益持有人的利润约人民币40.84亿元，同比增长21.08%。

前景展望
　　2017年，面临宏观经济下行的压力，汽车市场将处于自主崛起与电动智能带来的双变革中，机遇与挑战并存。为此，本届董事会将着重做好以下两方面的工作：一是依法治企、确保合规经营，提升规范运作水平；二是以创新驱动企业发展。全体董事坚信，通过上述努力，本集团2017年将取得更大的发展，并将以优异的业绩回报股东，回馈社会。

股息
　　董事局建议就截至2016年12月31日的财政年度派发末期每股股息0.066元。

致谢
　　最后，本人谨此向一年来付出辛勤努力的管理团队、全体员工、业务伙伴，以及支持和关心我们的全体股东表示衷心的感谢！本集团将秉持"人为本、信为道、创为先"的企业理念，齐心协力，为股东创造更大的回报！

董事长
2016年12月31日

图 5-3　实验材料 1 的兴趣区划分图

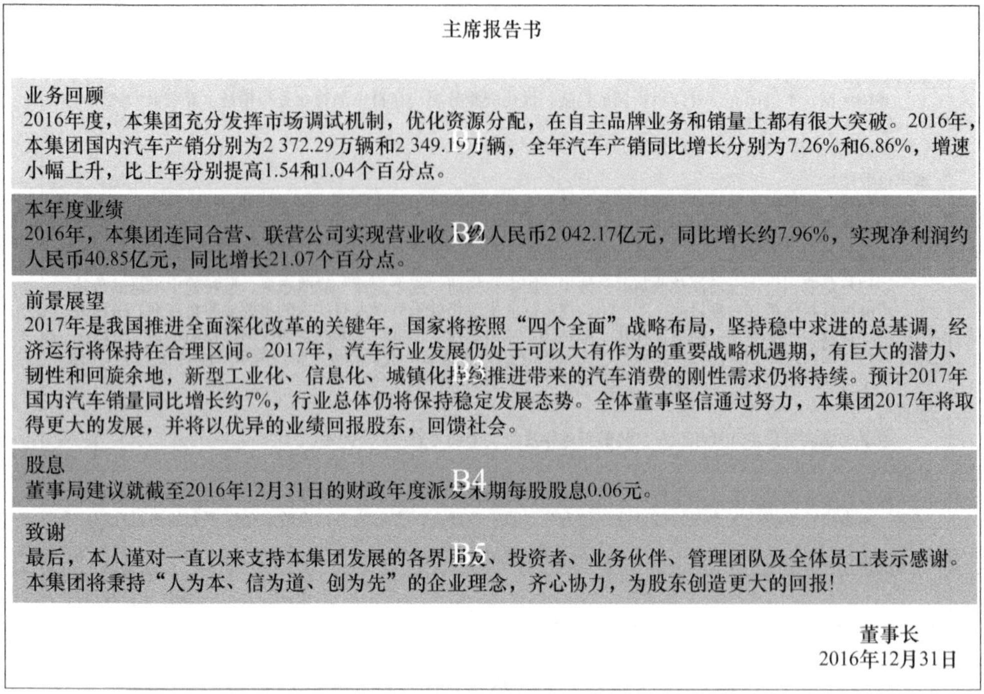

> **主席报告书**
>
> **业务回顾**
> 2016年度，本集团充分发挥市场调试机制，优化资源分配，在自主品牌业务和销量上都有很大突破。2016年，本集团国内汽车产销分别为2 372.29万辆和2 349.19万辆，全年汽车产销同比增长分别为7.26%和6.86%，增速小幅上升，比上年分别提高1.54和1.04个百分点。
>
> **本年度业绩** B2
> 2016年，本集团连同合营、联营公司实现营业收入约人民币2 042.17亿元，同比增长约7.96%，实现净利润约人民币40.85亿元，同比增长21.07个百分点。
>
> **前景展望**
> 2017年是我国推进全面深化改革的关键年，国家将按照"四个全面"战略布局，坚持稳中求进的总基调，经济运行将保持在合理区间。2017年，汽车行业发展仍处于可以大有作为的重要战略机遇期，有巨大的潜力、韧性和回旋余地，新型工业化、信息化、城镇化持续推进带来的汽车消费的刚性需求仍将持续。预计2017年国内汽车销量同比增长约7%，行业总体仍将保持稳定发展态势。全体董事坚信通过努力，本集团2017年将取得更大的发展，并将以优异的业绩回报股东，回馈社会。
>
> **股息** B4
> 董事局建议就截至2016年12月31日的财政年度派发末期每股股息0.06元。
>
> **致谢** B5
> 最后，本人谨对一直以来支持本集团发展的各界朋友、投资者、业务伙伴、管理团队及全体员工表示感谢。本集团将秉持"人为本、信为道、创为先"的企业理念，齐心协力，为股东创造更大的回报！
>
> 董事长
2016年12月31日

图 5-4 实验材料 2 的兴趣区划分图

四、问卷设计

在实验对象阅读完实验材料后，需要填写调查问卷来测度其行为意愿。问卷分为两个部分，第一部分用七点量表测量投资者的投资意愿、向他人推荐意愿这两个维度。其中，投资意愿设计三个题项：①如果我已经持有该公司的股票，我会选择继续持有甚至增加持有数量；②如果我没有持有这个公司的股票，我可能会选择买入；③我目前还没有投资意向，但是长期来说可能会买入这家公司的股票。向他人推荐意愿设计两个题项：①我会向我的朋友推荐这家公司的股票；②我会向我的家人推荐这家公司的股票。第二部分是模拟投资情境：假设投资者现在手上有 10 万元闲置资金准备用来投资股票，询问被试愿意投给该公司的金额。

五、实验程序

本节的研究实验仪器采用德国 SMI 公司的遥测式眼动仪，实验室具有良好的隔音和隔光效果，可有效控制被试在实验过程中可能受到的干扰。实验的主试有两名，其中主试一主要负责操作眼动仪,主试二负责指导被试按照要求完成眼部校准工作以及告知实验指导语和相关注意事项。实验程序全部在 Experiment Center 中编辑完成,被试在阅读完第一份实验材料后,完成关于行为意愿的调查问卷,休息 5 分钟后,继续阅读第二份实验材料,然后完成第二份关于行为意愿的调查问卷。每个被试阅读两份实验材料的顺序随机,保证一半的被试先阅读有照片的实验材料,另一半的被试先阅读无照片的实验材料。

具体实验步骤如下。

① 正式实验前,首先记录被试的信息并给被试编号,主试一向被试介绍实验设备及注意事项、实验程序和研究目的。

② 主试二先向被试展示实验练习材料,直到被试正确理解实验要求后进行正式试验。

③ 主试一打开 iView X 软件,主试二指导被试坐在距离显示屏约为 65 cm 的舒适椅子上,要求被试坐直正视实验屏幕,然后对被试的位置进行矫正,直至被试的双眼影像稳定地出现在 Eye Image 框内。

④ 主试一打开 Experiment Center 软件,先对被试做"五点追踪"的实验,以此测试被试是否适合做眼动实验,合格者才能继续进行正式实验。

⑤ 正式实验开始,被试浏览完指导语后,需要自己单击鼠标右键进入正式的实验材料界面,被试阅读实验材料的时间不受限制,当被试认为自己已经捕获所需要的信息时,再次单击鼠标右键结束阅读,完成实验问卷的填写。

⑥ 休息五分钟后,以相同的步骤完成第二轮实验。两轮实验材料的呈现顺序随机。

⑦ 实验结束,请被试完成个人信息的填写后,感谢被试参加实验并给予相应报酬。

5.2.4 数据分析

参考该领域的已有研究,本实验主要分析注视时长这一眼动指标数据,在 SPSS 中采用配对样本 T 检验来观测披露和未披露高管照片这两种情况下的投资者注意力和行为意愿的差异,以及不同背景特征的投资者对同一实验材料的注意力和行为意愿的差异,并采用 Pearson 相关性分析检验投资者注意力和行为意愿之间的相关性。

一、定性分析

基于研究主题和实验需求,我们把主席报告书界面分成了六个兴趣区:照片(photo)、业务回顾(A1、B1)、本年度业绩(A2、B2)、前景展望(A3、B3)、股息(A4、B4)、致谢(A5、B5)。其中,业务回顾、本年度业绩、前景展望、股息和致谢这五个部分为文字信息部分,其余为非文字部分。通过眼动仪设备将实验对象在实验材料界面上关注的这六个区域以云状图的形式呈现出来的热区图,可以观察出实验对象在我们所划分的这六个兴趣区停留的时间长短和注视点的集中程度。在热区图中,颜色越深,表示实验对象的注视时间越长。

实验组(有照片)和对照组(无照片)的热区图分别如图5-5和图5-6所示。通过热区图可以直观地看出有无董事长照片这两种情况下,投资者对主席报告书不同类型内容的注意力的分配差异。当主席报告书中没有植入董事长照片时,实验对象的兴趣区主要集中在业务回顾、本年度业绩和前景展望这三个部分;当主席报告书中植入董事长照片时,实验对象的兴趣区则主要集中在了照片、本年度业绩和前景展望这三个部分,其中对照片的面孔部分注意力较高。

图5-5 实验材料1的热区图

第 5 章　公司年报中视觉转向信息披露效应——基于公司高管图片披露视角

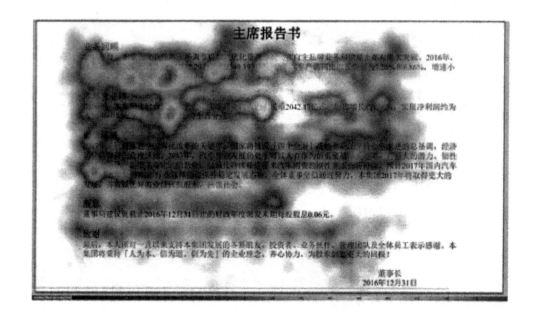

图 5-6　实验材料 2 的热区图

二、定量分析

1. 高管照片植入对主席报告书整体注意力的影响

高管照片植入对主席报告书关注总时长有显著影响。有照片组的实验对象对主席报告书的关注总时长为 42 835.27 ms,无照片组的实验对象对主席报告书的关注总时长为 38 048.12 ms,通过对有照片组和无照片组的主席报告书中的关注总时长进行配对样本 T 检验,结果表明两组具有显著差异性($t=2.265\,0$,$p=0.028\,0$)。具体数据如图 5-7 所示。数据表明,主席报告书中披露的照片信息是投资者关注的对象,与已有文献的结论一致。

高管照片植入对主席报告书的文字部分关注总时长无显著影响。有照片组的实验对象对主席报告书文字部分的关注总时长为 39 767.14 ms,无照片组的实验对象对主席报告书文字部分的关注总时长为 38 048.12 ms,通过对有照片组和无照片组的主席报告书中的叙述性文字部分的注视时间进行配对样本 T 检验,结果表明两组具有无显著差异性($t=0.825\,0$,$p=0.414\,0$)。具体数据如图 5-7 所示。结果表明,高管照片的植入不影响投资者对主席报告书的叙述性文字部分的整体注意力。

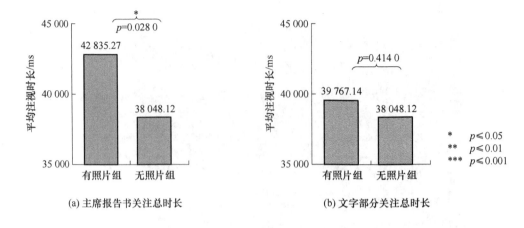

图 5-7　高管照片植入对主席报告书整体注意力的影响

上述分析表明,有董事长照片时投资者对主席报告书关注总时长显著增加,但对文字部分关注总时长无显著变化。可见投资者会关注主席报告书中披露的高管照片,但高管照片的披露不影响投资者对文本信息的整体关注度。

2. 高管照片植入对主席报告书叙述性文字各部分注意力的影响

对实验对象在叙述性文字的业务回顾、本年度业绩、前景展望、股息、致谢五个部分的注视时间分别进行配对样本 T 检验,结果如下。

业务回顾部分:有高管照片时投资者对业务回顾部分的关注时长是 12 586.88 ms,无高管照片时投资者对业务回顾部分的关注时长是 13 005.76 ms,投资者对业务回顾部分的注视时间无显著差异($t=-0.322\,0$,$p=0.748\,0$)。

本年度业绩部分:有高管照片时投资者对本年度业绩部分的关注时长是 15 106.51 ms,无高管照片时投资者对本年度业绩部分的关注时长是 8 231.31 ms,投资者对本年度业绩部分的注视时间有显著差异($t=6.130\,0$,$p=0.000\,0$)。

前景展望部分:有高管照片时投资者对前景展望部分的关注时长是 7 888.6 ms,无高管照片时投资者对前景展望部分的关注时长是 12 915.87 ms,投资者对前景展望部分的注视时间有显著差异($t=-4.683\,0$,$p=0.000\,0$)。

股息部分:有高管照片时投资者对股息部分的关注时长是 2 273.38 ms,无高管照片时投资者对股息部分的关注时长是 2 261.78 ms,投资者对股息部分的注视时间无显著差异($t=0.025\,0$,$p=0.980\,0$)。

致谢部分:有高管照片时投资者对致谢部分的关注时长是 1 911.77 ms,无高管照片时投资者对致谢部分的关注时长是 1 633.41 ms,投资者对致谢部分的注视时间无显著差异($t=1.2960, p=0.2010$)。

高管照片植入对主席报告书叙述性文字各部分注意力的影响如图5-8所示。

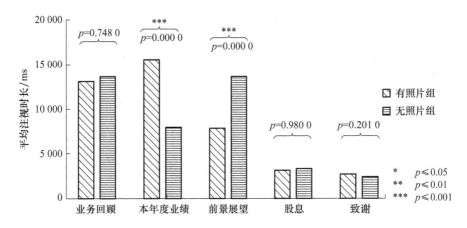

图5-8 高管照片植入对主席报告书叙述性文字各部分注意力的影响

从数据结果和上述分析中可知,主席报告书中高管照片植入影响投资者对叙述性文本信息的注意力分配,表现在投资者对本年度业绩的关注显著增加、对前景展望的关注显著减少、对股息部分的关注无显著影响等方面。由此验证了假设H1和假设H2,假设H3未通过检验。

3. 高管照片植入对投资者行为意愿的影响

本节的研究将投资者的行为意愿分为投资意愿、向他人推荐意愿、愿意投资金额三个维度进行测量,并从这三个维度对假设H4进行验证。实验分别对投资意愿、向他人推荐意愿和愿意投资金额进行配对样本T检验,结果如下。

投资意愿:有高管照片时投资者的投资意愿为6.3分,无高管照片时投资者的投资意愿为5.52分,投资者的投资意愿有显著差异($t=3.0410, p=0.0040$),表明高管照片的植入会显著增强投资者的投资意愿。

向他人推荐意愿:有高管照片时投资者的向他人推荐意愿为5.18分,无高管照片时投资者的向他人推荐意愿为4.48分,投资者的向他人推荐意愿有显著差异($t=2.3180, p=0.0250$),表明高管照片的植入会显著增强投资者的向他人推荐意愿。

愿意投资金额:有高管照片时投资者的愿意投资金额为5.49分,无高管照片时投资者的愿意投资金额为4.37分,投资者的愿意投资金额有显著差异($t=3.7230, p=0.0010$),表明高管照片的植入会显著增加投资者的愿意投资金额。

高管照片植入对投资者行为意愿的影响如图5-9所示。

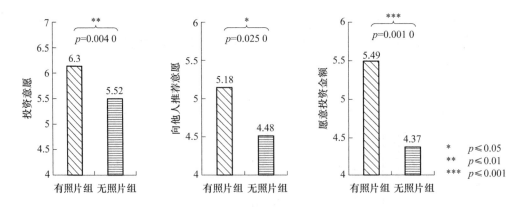

图 5-9　高管照片植入对投资者行为意愿的影响

从上述投资意愿三个维度的分析结果可知,在年报中植入高管照片会显著增强投资者的投资意愿,假设 H4 得以验证。

4. 投资者的注意力与行为意愿的相关性分析

本节的研究将投资者的注意力分为其对高管照片的关注时长和对主席报告书的关注时长两个维度,将投资者的行为意愿分为投资意愿、向他人推荐意愿、愿意投资金额三个维度,分别进行相关性分析,从直接影响和增幅影响两方面验证投资者注意力对行为意愿的影响。

(1) 投资者对高管照片的关注时长对投资者行为意愿的影响

① 投资者对高管照片的关注时长对投资者行为意愿的直接影响

直接相关性分析表明:a. 投资者对高管照片的关注时长与投资意愿无显著相关性(系数为 0.131 0,p 值为 0.370 0);b. 投资者对高管照片的关注时长与向他人推荐意愿具有显著相关性(系数为 0.283 0,p 值为 0.049 0);c. 投资者对高管照片的关注时长与愿意投资金额无显著相关性(系数为 0.213 0,p 值为 0.142 0)。可见,投资者对照片的关注时间越长,向他人推荐意愿越强,但对投资意愿和愿意投资金额没有显著影响。总体来说,高管照片的关注时长对投资者行为意愿的直接影响不显著。投资者对高管照片的关注时长对投资者行为意愿的直接影响如图 5-10 所示。

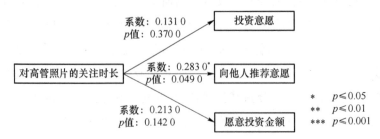

图 5-10　投资者对高管照片的关注时长对投资者行为意愿的直接影响

② 投资者对高管照片的关注时长对投资者行为意愿的增幅影响

因为只有有照片组具有照片关注时长,无照片组的照片关注时长为零,因此有照片组的照片关注时长即两组差值,投资者行为意愿差值是指有照片组的投资意愿差值与无照片组的投资意愿之差。差值相关性分析结果表明:a.投资者对高管照片的关注时长差值与投资意愿差值无显著相关性(系数为0.2240,p值为0.1220);b.投资者对高管照片的关注时长差值与向他人推荐意愿差值无显著相关性(系数为0.1800,p值为0.2160);c.投资者对高管照片的关注时长差值与愿意投资金额差值具有显著相关性(系数为0.2980,p值为0.0380)。可见,投资者对高管照片的关注时间越长,愿意投资金额增幅越大,但对投资意愿和向他人推荐意愿没有显著影响,即高管照片的关注时长对投资者行为意愿增幅的影响不显著。投资者对高管照片的关注时长对投资者行为意愿的增幅影响如图5-11所示。

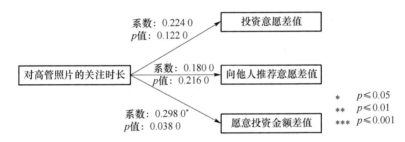

图5-11 投资者对高管照片的关注时长对投资者行为意愿的增幅影响

通过上述分析可知以下两点。a.投资者对高管照片的关注时长对投资者行为意愿的影响没有全部通过验证:投资者对高管照片的关注时长越长,向他人推荐意愿越强,但对其他维度的影响不显著。b.投资者对高管照片的关注时长对投资者行为意愿增幅的影响没有全部通过验证:投资者对高管照片的关注时长越长,愿意投资金额增幅越大,但对其他维度的影响不显著。因此,假设H5没有完全通过验证。

(2) 投资者对主席报告书的关注时长对投资者行为意愿的影响

① 投资者对主席报告书的关注时长对投资者行为意愿的直接影响

直接相关性分析结果表明:a.投资者对主席报告书的关注时长与投资者行为意愿无显著相关性(系数为0.0570,p值为0.6960);b.投资者对主席报告书的关注时长与向他人推荐意愿无显著相关性(系数为0.0400,p值为0.7840);c.投资者对主席报告书的关注时长与愿意投资金额具有显著相关性(系数为0.3350,p值0.0190)。可见,投资者对主席报告书整体的关注时间越长,愿意投资金额就越多,对投资意愿和向他人推荐意愿没有显著影响,即投资者对主席报告书的关注时长对投资者行为意愿的影响不显著。投资者对主席报告书的关注时长对投资者行为意愿的直接影响如图 5-12 所示。

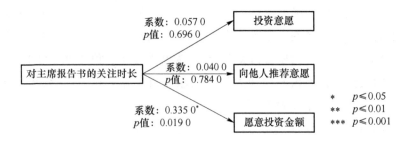

图 5-12　投资者对主席报告书的关注时长对投资者行为意愿的直接影响

② 投资者对主席报告书的关注时长对投资者行为意愿的增幅影响

差值相关性分析结果表明：a. 投资者对主席报告书的关注时长差值与投资意愿差值无显著相关性（系数为 -0.0020，p 值为 0.9870）；b. 投资者对主席报告书的关注时长差值与向他人推荐意愿差值无显著相关性（系数为 0.0420，p 值为 0.7760）；c. 投资者对主席报告书的关注时长差值与愿意投资金额差值无显著相关性（系数为 0.1490，p 值为 0.3060）。可见，投资者对主席报告书的关注时长对投资者行为意愿的增幅影响不显著。投资者对主席报告书的关注时长对投资者行为意愿的增幅影响如图 5-13 所示。

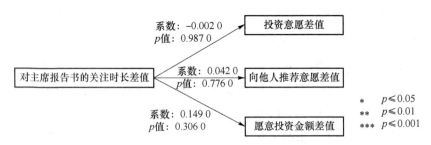

图 5-13　投资者对主席报告书的关注时长对投资者行为意愿的增幅影响

通过上述分析可知以下两点。a. 投资者对主席报告书的关注时长对投资者行为意愿的影响没有全部通过验证：投资者对主席报告书的关注时长越长，向他人推荐意愿就越强，对其他维度的影响不显著。b. 投资者对主席报告书的关注时长对投资者行为意愿的增幅影响没有全部通过验证，意愿的增幅影响都不显著。因此，假设 H6 没有完全通过验证。

虽然假设 H5 和假设 H6 没有完全通过验证，但是经过多维度的分析初步发现投资者对高管照片和主席报告书的注意力与投资意愿之间是有一定的相关性的。由于人的认知系统是复杂的,决策过程受到多重复杂因素的影响,因此注意力与行为意愿之间不是简单的直接相关关系。高管照片对投资者行为意愿具体的影响路径涉及脑认知科学等知识,是未来值得进一步探究的内容。

5. 高管照片对不同特征投资者的行为意愿影响差异分析

(1) 按照实验对象的性别进行分组分析

将所有实验对象按性别分成两组,有效被试人数共 49 人,男生组 22 人,女生组 27 人。分别将男生组和女生组有高管照片以及无高管照片时的行为意愿做配对样本 T 检验,并将结果与全样本有高管照片以及无高管照片时的行为意愿配对样本 T 检验结果作对比分析。分析结果如下。

投资意愿:男性投资者在有照片和无照片时的投资意愿差异不显著(p 值为 0.138 0);女性投资者在有照片和无照片时的投资意愿差异显著(p 值为 0.014 0);在全样本组,投资者在有照片和无照片时的投资意愿差异显著(p 值为 0.004 0)。数据表明,高管照片植入对投资者投资意愿的影响主要体现在女性组中。

向他人推荐意愿:男性投资者在有照片和无照片时的向他人推荐意愿差异不显著(p 值为 0.886 0);女性投资者在有照片和无照片时的向他人推荐意愿差异显著(p 值为 0.003 0);在全样本组,投资者在有照片和无照片时的向他人推荐意愿差异显著(p 值为 0.025 0)。可见,高管照片植入对投资者向他人推荐意愿的影响主要体现在女性组中。

愿意投资金额:男性投资者在有照片和无照片时的愿意投资金额差异显著(p 值为 0.039 0);女性投资者在有照片和无照片时的愿意投资金额差异显著(p 值为 0.003 0);在全样本组,投资者在有照片和无照片时的愿意投资金额差异显著(p 值为 0.001 0)。数据结果表明:高管照片植入对投资者向他人推荐意愿的影响主要体现在女性组中。

高管照片对不同性别投资者的行为意愿影响差异如图 5-14 所示。

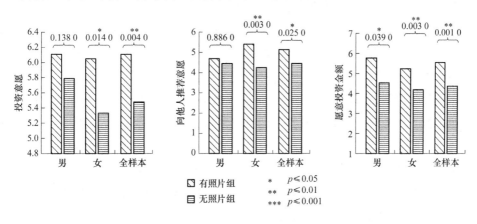

图 5-14 高管照片对不同性别投资者的行为意愿影响差异

通过上述分析可知,高管照片植入对投资者的投资意愿、向他人推荐意愿、愿意投资金额三个维度的影响均主要体现在女性组中,假设 H7 得到验证。

(2) 按照实验对象的财务背景进行分组分析

以所有被试所学过的财务相关课程数量的均值为界限,将被试分为两组:所学过的财务相关课程数量高于均值的为课程数较多组,所学过的财务相关课程数量低于均值的为课程数较少组。有效被试人数共 49 人,分组后课程数较多组 20 人,课程数较少组 29 人。分别将课程数较多组和课程数较少组有高管照片以及无高管照片时的行为意愿做配对样本 T 检验,并与全样本有高管照片以及无高管照片时的行为意愿配对样本 T 检验结果作对比分析。分析结果如下。

投资意愿:所学过的财务相关课程数量较多的组,投资者在有照片和无照片时的投资意愿差异显著(p 值为 0.001 0);所学过的财务相关课程数量较少的组,投资者在有照片和无照片时的投资意愿差异不显著(p 值为 0.348 0);在全样本组,投资者在有照片和无照片时的投资意愿差异显著(p 值为 0.004 0)。可见,高管照片植入对投资者投资意愿的影响主要体现在所学过的财务相关课程数量较多的组中。

向他人推荐意愿:所学过的财务相关课程数量较多的组,投资者在有照片和无照片时的向他人推荐意愿差异显著(p 值为 0.001 0);所学过的财务相关课程数量较少的组,投资者在有照片和无照片时的向他人推荐意愿差异不显著(p 值为 0.630 0);在全样本组,投资者在有照片和无照片时的向他人推荐意愿差异显著(p 值为 0.025 0)。可见,高管照片植入对投资者的向他人推荐意愿的影响主要体现在所学过的财务相关课程数量较多的组中。

愿意投资金额:所学过的财务相关课程数量较多的组,投资者在有照片和无照片时的愿意投资金额差异显著(p 值为 0.000 0);所学过的财务相关课程数量较少的组,投资者在有照片和无照片时的愿意投资金额差异不显著(p 值为 0.117 0);在全样本组,投资者在有照片和无照片时的愿意投资金额差异显著(p 值为 0.001 0)。可见,高管照片植入对投资者的愿意投资金额的影响主要体现在所学过的财务相关课程数量较多的组中。

综上分析可知,假设 H8 未通过验证。数据结果表明,相对弱财务背景的投资者,高管照片植入对强财务背景的投资者的投资意愿的影响更显著。这意料之外的结果可能与高管照片对投资者的影响机制有关。高管照片是通过增强投资者对主席报告书文本内容传递的关于公司业绩、业务情况、发展前景等信息的信任度感知来影响投资者的行为意愿的,而这种影响是建立在投资者对主席报告书文本信息的正确理解基础上的。也就是说,强财务背景的投资者对文本内容传递的信息有准确的、全面的解读,从而形成对投资对象的良好价值判断,高管照片的披露能传递积极信号,增强投资者的这种认知,进一步加强投资者对公司的正向评价,从而增强投资者的投资意愿。弱财务背景的人对文本内容传递的信息不能完全精准解读,获取到的关于公司价值判断的信息有限,在这种情况下高管照片不能发挥其正向加强作用。这一结果说明高管照片的披露没有诱导财务背景弱的投资者作出可能非理性的投资,而是对有专业判断力的投资者起到正向信号传递的作用。也就是说高管照片没有起到印象管理的作用,而是发挥了信号传递的作用。高管照片对不同财务背景投资者的行为意愿影响差异如图5-5所示。

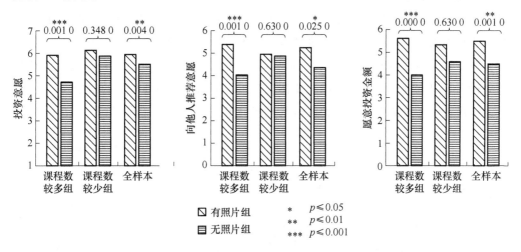

图 5-15 高管照片对不同财务背景投资者的行为意愿影响差异

6. 高管照片对投资者的行为意愿影响差异的探索性分析

（1）按照对文字部分的关注时长进行分组分析

以所有实验对象对有高管照片的实验材料中文字部分的关注时长的均值为界,将实验对象分为两组:对文字部分的关注时长高于均值的为关注度高组,对文字部分的关注时长低于均值的为关注度低组。有效实验对象共49人,分组后关注时长较长组20人,关注时长较短组29人。分别将关注度高组和关注度低组有高管照片以及无高管照片时的行为意愿做配对样本T检验,并将结果与全样本有高管照片以及无高管照片时的行为意愿配对样本T检验结果作对比分析,分析结果如下。

投资意愿:对文字部分的关注时长较长的组,投资者在有照片和无照片时的投资意愿差异不显著（p值为0.141 0）;对文字部分的关注时长较短的组,投资者在有照片和无照片时的投资意愿差异显著（p值为0.010 0）;在全样本组,投资者在有照片和无照片时的投资意愿差异显著(p 值为 0.004 0)。可见,高管照片植入对投资者投资意愿的影响主要体现在对文字部分关注度较低的组中。

向他人推荐意愿:对文字部分的关注时长较长的组,投资者在有照片和无照片时的向他人推荐意愿差异不显著(p 值为 0.263 0);对文字部分的关注时长较短的组,投资者在有照片和无照片时的向他人推荐意愿差异显著(p 值为 0.040 0);在全样本组,投资者在有照片和无照片时的向他人推荐意愿差异显著(p 值为 0.025 0)。可见,高管照片植入对投资者向他人推荐意愿的影响主要体现在对文字部分关注度较低的组中。

愿意投资金额:对文字部分的关注时长较长的组,投资者在有照片和无照片时的愿意投资金额差异不显著(p 值为 0.058 0);对文字部分的关注时长较短的组,投资者在有照片和无照片时的愿意投资金额差异显著(p 值为 0.001 0);在全样本组,投资者在有照片和无照片时的愿意投资金额差异显著(p 值为 0.001 0)。可见,高管照片植入对投资者愿意投资金额的影响主要体现在对文字部分关注度较低的组中。

按照投资者对文字信息的关注时长进行分组分析如图 5-16 所示。

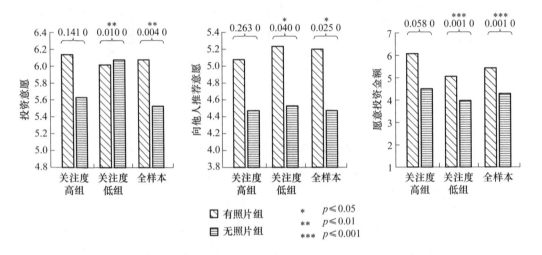

图 5-16 按照投资者对文字信息的关注时长进行分组分析

综上所述,高管照片植入对投资者行为意愿的影响主要体现在对文字部分关注度较低的组中。

(2) 按照高管照片的关注时长进行分组分析

将实验对象以其对实验材料中高管照片的关注时长的均值为界分成两组:高于均值的为关注度高组,低于均值的为关注度低组。有效实验对象共 49 人,分组后关注时长较长组 19 人,关注时长较短组 30 人。分别将关注度高组和关注度低组有高管照片以及无高管照片时的行为意愿做配对样本 T 检验,并将结果与全样本有高管照片以及无高管照片时的行为意愿配对样本 T 检验结果作对比分析,分析结果如下。

投资意愿:对高管照片的关注时长较长的组,投资者在有照片和无照片时的投资意愿差异显著(p 值为 0.003 0);对高管照片的关注时长较短的组,投资者在有照片和无照片时的投资意愿差异不显著(p 值为 0.275 0);在全样本组,投资者在有照片和无照片时的投资意愿差异显著(p 值为 0.004 0)。可见,高管照片植入对投资者投资意愿的影响主要体现在对高管照片关注度较高的组中。

向他人推荐意愿:对高管照片的关注时长较长的组,投资者在有照片和无照片时的向他人推荐意愿差异显著(p 值为 0.009 0);对高管照片的关注时长较短的组,投资者在有照片和无照片时的向他人推荐意愿差异不显著(p 值为 0.398 0);在全样本组,投资者在有照片和无照片时的向他人推荐意愿差异显著(p 值为 0.025 0)。可见,高管照片植入对投资者向他人推荐意愿的影响主要体现在对高管照片关注度较高的组中。

愿意投资金额:对高管照片的关注时长较长的组,投资者在有照片和无照片时的愿意投资金额差异显著(p 值为 0.001 0);对高管照片的关注时长较短的组,投资者在有照片和无照片时的愿意投资金额差异不显著(p 值为 0.081 0);在全样本组,投资者在有照片和无照片时的愿意投资金额差异显著(p 值为 0.001 0)。可见,高管照片植入对投资者愿意投资金额的影响主要体现在对高管照片关注度较高的组中。

按照投资者对高管照片的关注时长进行分组分析如图 5-17 所示。

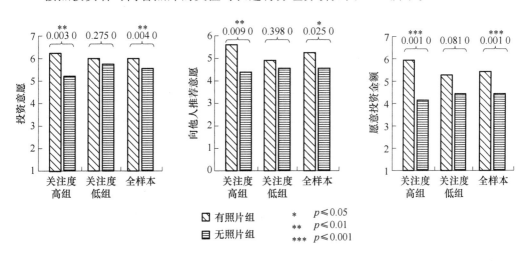

图 5-17 按照投资者对高管照片的关注时长进行分组分析

综上所述,高管照片植入对投资者行为意愿的影响主要体现在对高管照片关注度较高的组中。

(3) 按照投资者行为意愿进行分组分析

将实验对象以其行为意愿的均值为界限分成两组,高于均值的为高行为意愿组,低于均值的为低行为意愿组。分别计算每组在有高管照片和无高管照片时的行为意愿均值,比较两组的增幅差异大小。分析结果如下。

投资意愿:在高行为意愿组,无高管照片时投资者的投资意愿均值是3.76,有高管照片时投资者的投资意愿均值是5;在低行为意愿组,无高管照片时投资者的投资意愿均值是6.55,有高管照片时投资者的投资意愿均值是6.74。可见,高管照片植入对低行为意愿组的实验对象投资意愿的影响更大。

向他人推荐意愿:在高行为意愿组,无高管照片时投资者的向他人推荐意愿均值是6.02,有高管照片时投资者的向他人推荐意愿均值是6.46;在低行为意愿组,无高管照片时投资者的向他人推荐意愿均值是2.74,有高管照片时投资者的向他人推荐意愿均值是5。可见,高管照片植入对低行为意愿组的实验对象向他人推荐意愿的影响更大。

愿意投资金额:在高行为意愿组,无高管照片时投资者的愿意投资金额均值是6.24,有高管照片时投资者的愿意投资金额均值是7.21;在低行为意愿组,无高管照片时投资者的愿意投资金额均值是2.71,有高管照片时投资者的愿意投资金额均值是3.84。可见,高管照片植入对高、低行为意愿组的实验对象愿意投资金额的影响不明显。

按照投资者行为意愿进行分组分析如图5-18所示。

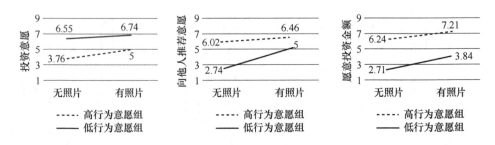

图5-18 按照投资者行为意愿进行分组分析

5.2.5 结论

本节的研究以投资者阅读年报中的主席报告书并做出投资意愿决策为情境,设计眼动实验,运用眼动追踪技术直接测量投资者在信息获取过程中的注意力分配,设计行为学实验,运用问卷量表测量投资者的行为意愿,分析高管照片植入公司年报对投资者注意力和投资意愿的影响,通过实验可发现如下几点。①高管照片植入会对投资者的注意力产生影响,年报中的高管照片会吸引投资者的关注,并且使得投资者对本年度业绩部分的关注显著增加,对前景展望的关注显著减少。②在年报中披露高管照片会对投资者的行为意愿产生影响,即增强投资者的投资意愿和向他人推荐意愿并且提高投资者愿意投资金额。③投资者的注意力分配与投资者的行为意愿之间存在一定的相关性,投资者对高管照片的关注时间越长,向他人推荐意愿越强,愿意投资金额增幅越大;投资者对主席报告书整体关注时间越长,愿意投资金额越多。④高管照片植入对不同属性特征投资者的行为意愿影响存在差异,按性别分组时,高管照片植入对投资者投资行为意愿的影响在女性群体中更为显著;按财务背景分组时,高管照片植入对投资者投资行为意愿的影响在具有强财务背景的投资者群体中更为显著。⑤高管照片对投资者行为意愿影响的进一步细化分析表明:高管照片植入对投资者投资行为意愿的影响在对文字信息关注度较低的投资者群体以及对高管照片关注度较高的投资者群体中效果更显著。

5.3 年报视觉信息披露对投资行为的影响及其路径

人力资本照片是年报视觉信息中的重要组成部分,这些照片被认为是与组织可信度相联系的,照片的信任感有时与财务数据的精确度密切相关,尤其是直接负责这些财务数据的高层管理者的照片。且在高管照片中,面孔是最吸引人的部分,研究发现,高管颜值更高的公司往往具有更好的财务业绩,在商业谈判中更容易取得成功,也更容易获取投资者的信任,然而对高管照片影响效果的研究却仅停留在理论假说层面,少有实证研究得出可信的结论,基于此,本节的研究从情感启发式和双加工理论出发,通过行为学实验模拟真实的投资环境,探究不同财务状况下公司年报中的视觉信息披露对投资者行为的影响及作用路径。

5.3.1 理论模型建立

本节研究的理论模型以情感启发式和双加工理论为基础:公司年报中披露的以董事长照片为代表的视觉信息可以激发投资者的情感体验和信任感知,通过投资者大脑中的直觉系统进行加工,并经过理性系统的加工过程,从而影响投资者的投资决策行为。

一、年报视觉信息披露对投资者行为的影响

根据视觉修辞和视觉层次理论,以及诸多在营销学、管理学、艺术学上的研究发现,在纯文本内容中加入图像能有效吸引读者的注意力,激发其美学感染力和情感诉求,从而提高其积极态度。董事长面孔作为主席报告书中最醒目的图像,向读者传递出丰富复杂的信息。信号传递理论认为,作为企业经营财务活动最重要的执行者,董事长的照片往往代表着会计数字的精确性和年报的可靠性。这些 CEO 个人特征向资本市场释放出关于其认定可信度和公司财务报表质量的重要信号,从而影响到资本市场的反应。相貌较好的 CEO 被认为能给股东创造更高的价值,在谈判中更容易被接受,也更容易受到投资者的青睐。根据现代控制权理论,投资者和公司管理层之间的关系属于委托-代理的合作关系。在合作行为中,人们往往会自主地根据面孔做出信任度的判断,并根据该判断做出是否信任该人并与之合作的决策。由上述分析可知,董事长面孔信任感为投资者传达出关于公司更为丰富的积极信号,提升公司形象,增强投资者的信心和合作意向,从而提升了投资者的投资意愿。因此,提出假设 H1:

H1:盈余状况差异不显著时,投资者更愿意投资面孔信任感相对较高的董事长所在的公司。

根据印象管理理论,很多公司通过操控年报中的文本、格式、图片、图表等信息向外界传达公司形象,以期取悦读者,建构与公司的理想形象相一致的公众形象,并弱化坏消息对信息使用者的影响。这些图片信息比文本信息更容易被记住,并可轻易让读者回想起,同时可削弱读者对文本方面的学习。公司使用这些照片可能是在通过图片的使用维持社会忽视,分散读者的注意力,模糊部分事实,从而在竞争中维持企业的生存。基于此,本节的研究认为董事长面孔披露可能作为印象管理的一种手段,以其面孔披露和面孔信任感的积极影响使得投资者忽视或是削弱投资者对亏损事实的关注,建立起读者对董事长、公司乃至公司文化的认同和肯定,从而影响投资者的投资意愿和行为。由此提出假设 H2:

H2:当盈余状况有显著差异时,投资者更愿意投资面孔信任感较高的董事长所在的公司。

二、年报视觉信息披露对投资者行为的影响路径

1. 情感倾向的中介作用

个体感知风险和收益总是与其对该风险活动的情感评价相联系,如果一个活动个体觉得"喜欢",那么倾向于判断该活动是低风险高收益;如果一个活动个体"不喜欢",

则认为是高风险低收益。上市公司在年报中披露的董事长照片可以向投资者传递出董事长面孔信任感的信息,在面对面孔信任感较高的董事长照片时,投资者会产生正向的情感评价,这种乐观的积极情绪使得投资者对风险的承受程度更高,并高估公司投资决策的收益,低估相应的风险,提高投资水平;而对于面孔信任感较低的董事长照片,会引发投资者的消极情绪,从而使投资者倾向于规避损失。因此,本节的研究认为,上市公司年报主席报告书中董事长面孔会触发积极或消极的情感体验,从而直觉系统迅速做出情感上的判断,影响投资者的投资意愿和行为。由此本节的研究提出以下假设:

H3:不同信任感的董事长面孔对投资意愿的影响被投资者触发的积极情绪所中介。

H4:不同信任感的董事长面孔对投资意愿的影响被投资者触发的消极情绪所中介。

2. 信任感知的中介作用

在信息不对称普遍存在的背景下,投资者对企业信任感的建立十分珍贵。信任可以降低双方的交易成本,使得合作更为愉快,甚至促成原本未预料到的合作。在年报中披露高管照片是建立投资者对企业信任感的主要方式,展示照片有助于创造一个社交性的环境,从而使得该场景与面对面交流更为接近。照片上的人被塑造为一个无形虚拟公司的真实世界代表,形成与公司交流的隐性入口,从而建立起信任。已有研究发现,即使是静态照片这种最基本的面孔线索也会在实验中增强合作意愿,然而关于该人的文本性个人信息却达不到这样的效果。同时,根据信任决策模型,信任产生基于信任方根据被信任方的能力、诚实和善意形成对被信任方的可信度,然后根据信任方的信任倾向形成对其的信任评价,信任方根据这些标准做出是否信任对方的选择,即信任决策。投资者对不同董事长照片是否值得信任作出评估,从而形成对该董事长和公司的信任感知,并影响到投资行为。由此,本节的研究提出假设 H5:

H5:不同信任感的董事长面孔对投资意愿的影响被投资者的信任感知所中介。

5.3.2 实验设计

一、实验对象

我们选取北京邮电大学经济管理学院有财务基础和投资经验的 90 名研究生作为实验对象,其中男性 40 名,女性 50 名,年龄在 22~25 岁间,无显著差异。所有被试均有股票、基金、债券等理财产品的投资经验。所有被试均为右利手,视力正常或矫正后视力正常。实验在北京邮电大学教四楼实验室中进行,所有被试未进行过类似或相关实验。在获得实验的知情同意后再开始实验,实验结束后付给被试一定的费用作为报酬。最终实验共收集 90 个样本,去掉反向逻辑的无效数据,最后得到有效数据样本 84 个。

二、实验材料

本节的研究以香港交易所上市公司主席报告书为实验材料模板。主席报告书篇幅简练,但包含业务回顾、本年度业绩、前景展望、股息和致谢等模块,兼具综合性和简洁性,能概述公司过去、当前和未来的状况。实验材料分为两个部分,分别选取并组合而成:一是两张不同面孔信任感的照片;二是三类不同盈余状况的六份纯文本形式主席报告书和公司背景简介。将这两张照片植入六份主席报告书文本中,形成最终的实验材料。

1. 不同信任感面孔选取

不同信任感面孔照片基于真实公司定期报告的董事长照片选出,从而保证模拟实验中的真实体验感。本节的研究收集了香港联合交易所有限公司主板上市公司年报主席报告书中披露的董事长照片,挑选年龄在40~60岁之间、视线正向、表情中性的男性董事长照片,共计15张。为了避免干扰因素,去掉原照片中背景图案和身体肩部以下部分,并统一处理为两寸正面免冠证件照形式,每张照片的大小、明暗、对比度等指标一致(像素均为320×360)。

将15张面孔重复两次并打乱出现顺序,58名经济管理学院的大学生(13男,45女)对这15张照片的信任感进行7点量表打分评定,"1"表示非常不具有信任感,"7"表示非常具有信任感,"4"表示中立。

统计被试打分结果,两次分数取均值作为被试对面孔的信任感分数,在全部照片中选取信任感打分最高和最低的分别作为高信任感面孔($M=4.5340, SD=0.9499, \max=6.5000, \min=2.5000$)和低信任感面孔($M=2.9660, SD=0.9861, \max=5.5000, \min=1.0000$)。性别对打分无显著影响(高信任感面孔 $F=0.1200, t=0.3460, P=0.7310$;低信任感面孔 $F=2.0550, t=1.4330, P=0.1570$)。这两张面孔将用于实验中代表不同公司的董事长。不同信任感面孔选取的描述性统计如表5-1所示。

表5-1 不同信任感面孔选取的描述性统计

不同信任感面孔		N	平均值	标准差	标准误差	平均值95%置信区间		最小值	最大值
						下限	上限		
高信任感面孔	男	13	4.6150	0.9822	0.2724	4.0220	5.2090	3.0000	6.0000
	女	45	4.5110	0.9504	0.1417	4.2260	4.7970	2.5000	6.5000
	总计	58	4.5340	0.9499	0.1247	4.2850	4.7840	2.5000	6.5000
低信任感面孔	男	13	3.3080	0.9025	0.2502	2.7620	3.8530	2.0000	5.0000
	女	45	2.8670	0.9966	0.1486	2.5670	3.1660	1.0000	5.5000
	总计	58	2.9660	0.9861	0.1295	2.7060	3.2250	1.0000	5.5000

2. 主席报告书文本和背景材料选取

实验用主席报告书文本部分和背景材料基于真实年报主席报告书挑选修改并选出,从而保证实验模拟中的真实体验感。首先从香港联合交易所有限公司主板上市公司披露的年报中选取汽车行业主席报告书进行必要的修改、删减,去掉公司名称、董事长姓名等特征信息,将主席报告书盈余能力、股息、未来前景描述、格式、排版、文字表达方式统一化为无显著差异,并将内容缩减为一页 A4 纸长度。按照公司盈余状况将这些主席报告书分为盈利公司主席报告书、亏损公司主席报告书、盈亏平衡公司主席报告书三类,58 名经济管理学院的大学生(13 男,45 女)阅读完这些主席报告书文本后对所代表的公司进行投资意愿 7 点量表打分评定,"1"表示非常不愿意投资,"7"表示非常愿意投资,"4"表示中立。再在这三类公司的主席报告书中分别选取投资意愿无显著差异的两份,共计 6 份主席报告书。

统计被试打分结果,如图 5-19 所示,在盈利的两家公司中,A 公司投资意愿($M=4.7760$, $SD=1.4023$)与 B 公司投资意愿($M=5.0170$, $SD=1.2634$)无显著差异($F=1.9430$, $p=0.1660$, $t=-0.9740$);在亏损的两家公司中,C 公司投资意愿($M=2.6550$, $SD=1.3052$)与 D 公司投资意愿($M=2.8970$, $SD=1.3467$)无显著差异($F=0.1080$, $p=0.7420$, $t=-0.9800$);在盈亏平衡的两家公司中,E 公司投资意愿($M=3.7590$, $SD=1.1893$)与 F 公司投资意愿($M=3.7070$, $SD=1.3638$)无显著差异($F=0.8470$, $p=0.3590$, $t=0.2180$)。这说明不同盈余状况的组内两份主席报告书均选取合理有效。

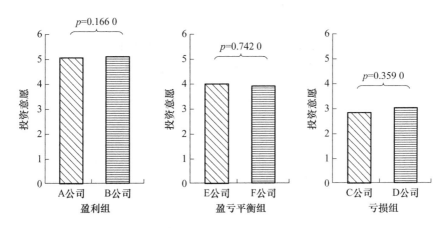

图 5-19 六家公司主席报告书文本投资意愿

如图 5-20 所示,盈利公司投资意愿($M=4.8970$, $SD=1.3344$)、亏损公司投资意愿($M=2.7760, SD=1.3259$)和盈亏平衡公司投资意愿($M=3.7330, SD=1.2742$)有显著差异($F=76.0360, P=0.0000$)。男性投资意愿($M=4.0130, SD=1.5583$)和女性投资意愿($M=3.7410, SD=1.5709$)无显著差异($F=1.8220, P=0.1780$)。这说明组间这六份主席报告书选取合理有效,将作为实验用主席报告书的文本,代表六家不同公司。

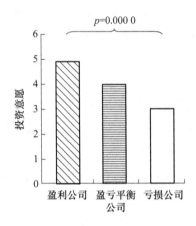

图 5-20 三组公司主席报告书文本投资意愿

3. 面孔植入主席报告书文本和背景材料

基于高、低信任感两张面孔照片和上述六份主席报告书文本构造六家公司 A、B、C、D、E、F 的主席报告书。组合方式如表 5-2 所示,其中盈利的 A 公司和 B 公司分别嵌入高信任感面孔和低信任感面孔于标题下正文的左上角,亏损的 C 公司和 D 公司分别嵌入高信任感面孔和低信任感面孔于标题下正文的左上角,盈亏平衡的 E 公司和 F 公司分别嵌入高信任感面孔和低信任感面孔于标题下正文的左上角。每份主席报告书字体、字号、格式、排版等均一致,且内容均占据 A4 纸一页。

表 5-2 六份实验材料的构成

组别	实验材料
盈利公司	背景材料+A公司主席报告书文本+高信任面孔
	背景材料+B公司主席报告书文本+低信任面孔
亏损公司	背景材料+C公司主席报告书文本+高信任面孔
	背景材料+D公司主席报告书文本+低信任面孔
盈亏平衡公司	背景材料+E公司主席报告书文本+高信任面孔
	背景材料+F公司主席报告书文本+低信任面孔

三、实验程序

模拟真实投资环境,设计实验。实验按照公司的盈余状况分成三组独立进行,分别考察 A 公司和 B 公司的盈利组、C 公司和 D 公司的亏损组、E 公司和 F 公司的盈亏平衡组,每个被试均需要进行这三组实验,顺序随机。被试作为投资者假定拥有 100 000 元待投资资金,通过实验确定其对这六家公司的投资意愿。

实验在 E-Prime 2.0 软件中进行。实验开始前,实验人员会向被试介绍实验任务,被试被告知他们作为投资者拥有 100 000 元可投资资金,市场有风险需谨慎投资。被试在充分了解实验过程和规则后,进行三组正式实验。每组实验开始前,被试阅读该组对应的两份主席报告书并填写阅读反馈(涉及收入、利润状况、股息等),反馈填写完全正确视为对两个公司的主席报告书充分了解后,进行实验程序模拟,被试对实验界面和程序熟悉后进行正式实验。

阅读完实验指导语后开始实验任务。在实验任务的一个试次中,首先会随机呈现被试选择界面,左侧随机出现一个公司的董事长照片和营业收入、利润指标,右侧随机出现最低 10 000 元,最高 100 000 元,公差为 10 000 元呈等差数列金额的十种投资提议,被试作为投资者可以通过按键选择"愿意"或"不愿意"回应该投资提议,时间无限制,被试做出选择后该试次结束。随后呈现一个红色"+"符号注视点,持续时间为 800 ms,被试需要集中注意力注视屏幕中央,随后呈现下个试次。每种投资提议与两个公司随机搭配形成 20 种组合,每种组合重复 5 次,共计 100 个试次,随机出现。每个试次投资意愿选择均为独立选择,各种选择间无影响。每组任务之间被试可以选择自由休息,准备好后继续进行实验。正式实验操作界面如图 5-21 所示。

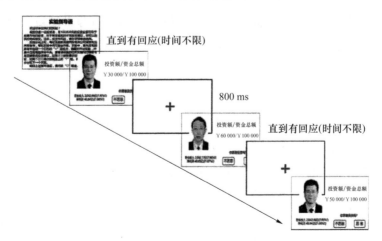

图 5-21 正式实验操作界面

四、实验量表

完成三组实验后,被试填写基本信息,重新浏览这两张面孔,使用 Likert 7 点量表进行信任感的打分,并分别对这两张不同信任感面孔进行情感体验和信任感知的评定。

情感体验指的是面孔引起被试的情绪反馈,本节研究采用的是 Watson 于 1988 年提出的专业 PANAS 量表汉化版,分为积极情绪和消极情绪,各有十个题项,7 点量表打分,"1"表示非常不符合,"7"表示非常符合,"4"表示中立。根据预实验和专家调研结果,在积极情绪和消极情绪中各选定五个与本实验相关的题项,共计十个题项,进行评估。其中积极情绪的五个衡量指标是感兴趣的、强烈的、受鼓舞的、意志坚定的、专注的;消极情绪的五个衡量指标是心烦的、敌意的、易怒的、紧张的、心神不宁的。

再对两张不同面孔董事长所代表公司的主席报告书进行信任感知打分,该打分的量表改编自衡量信任的专业量表,与本节研究内容进行有机整合后形成。信任感知从诚实、善意和能力三个维度,共计十二个题项进行评估,7 点量表打分,"1"表示非常不符合,7 表示非常符合,"4"表示中立。

5.3.3 实证检验

一、数据处理

为了更好地得到被试对不同投资提议的接受概率,先删除极端被试数据,即删除对所有投资提议全部选择"愿意"或全部选择"不愿意"的被试数据。处理剩下的有效数据,通过韦伯函数拟合,计算出一条拟合曲线,如图 5-22 所示。

$$y = e^{-(x/a)^{\wedge} k}$$

式中:x 表示投资提议金额,分别为 $0.1, 0.2, \cdots, 0.9, 1$,单位为十万元;y 表示某一个提议金额对应的被试接受比例;a, k 为分布参数。

再根据拟合曲线计算出不同信任感照片所分别对应的被试恰好愿意投资金额,即 $y = 0.5$ 时,被试有 50% 的概率愿意,有 50% 的概率不愿意的投资提议金额。

被试恰好接受金额越高,表示其越愿意接受投资协议;被试恰好接受金额越低,表示其越不愿意接受投资协议。然后采用 SPSS 对有效实验数据进行分析,将不同面孔信任感、情感体验和信任感知与被试在实验任务中的恰好愿意投资金额进行差异性、相关性和中介分析。

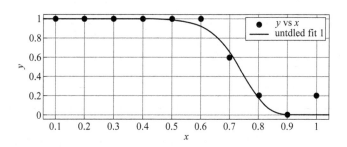

图 5-22　临界投资金额曲线拟合

二、视觉信息披露对投资者行为的影响

1. 样本基本信息描述性统计

实验对象的基本信息统计如表 5-3 所示。

表 5-3　实验对象的基本信息统计

变量	分类	数量	百分比
性别	男	36	42.9%
	女	48	57.1%
年龄	20~24 岁	81	96.4%
	25~30 岁	3	3.6%
是否阅读过年报	未阅读过年报	41	48.8%
	阅读过年报	43	51.2%
投资经验	5 年以内投资经验	83	98.8%
	5~10 年投资经验	1	1.2%
总计		84	100%

其中，被试男女比例基本协调，年龄在 20~30 岁之间，几乎全部都有 5 年内的投资经验，一半的人曾阅读过年报，有一定的财务金融知识。

2. 盈余指标差异不显著情景

不同财务状况和面孔信任感交叉影响下公司临界投资额分布如表 5-4 所示。

表 5-4　不同公司临界投资额描述性统计〔因变量:投资金额-均值(标准差)〕

财务状况	面孔信任感		
	高	低	总体
盈利	68 628.53(20 661.43)	59 127.76(19 599.41)	63 878.14(20 634.65)
盈亏平衡	55 110.36(22 359.46)	46 331.07(21 342.86)	50 720.72(22 227.35)
亏损	42 599.28(18 952.94)	37 321.90(19 033.45)	39 960.59(19 120.34)
总体	55 446.06(23 160.86)	47 593.58(21 815.56)	51 519.82(22 838.29)

如表 5-5、图 5-23、图 5-24 所示,在盈余状况差异不显著时,面孔信任感对投资金额均有显著影响。在盈利的两个公司中,拥有高信任感面孔的公司平均投资意愿($M=68\,628.53$, $SD=20\,661.43$)高于拥有低信任感面孔的公司平均投资意愿($M=59\,127.76$, $SD=19\,599.41$),差异显著($t=3.389\,0$, $p=0.001\,0$)。在盈亏平衡的两个公司中,拥有高信任感面孔的公司平均投资意愿($M=55\,110.36$, $SD=22\,350.46$)高于拥有低信任感面孔的公司平均投资意愿($M=46\,331.07$, $SD=21\,342.86$),差异显著($t=3.426\,0$, $p=0.001\,0$)。在亏损的两个公司中,拥有高信任感面孔的公司平均投资意愿($M=42\,599.28$, $SD=18\,952.94$)高于拥有低信任感面孔的公司平均投资意愿($M=37\,321.90$, $SD=19\,033.45$),差异显著($t=2.838\,0$, $p=0.006\,0$)。假设 H1 通过检验,即在盈余状况差异不显著时,投资者更愿意投资面孔信任感相对较高的董事长所在的公司。

表 5-5　配对样本检验:盈余差异不显著时不同面孔信任感刺激投资金额

高信任-低信任	配对差值					t	自由度	显著性(双尾)
	平均值	标准差	标准误差平均值	差值95%置信区间				
				下限	上限			
盈利(H)-盈利(L)	9 500.77	25 690.04	2 803.01	3 925.69	15 075.85	3.389	83	0.001
平衡(H)-平衡(L)	8 779.29	23 482.73	2 562.18	3 683.23	13 875.35	3.426	83	0.001
亏损(H)-亏损(L)	5 277.38	17 042.19	1 859.46	1 579.00	8 975.76	2.838	83	0.006

3. 盈余指标差异显著情景

根据描述性统计和配对样本 T 检验,如表 5-6 所示,在盈余状况差异显著的公司中,投资金额有显著差异(盈利 63 878.14 vs 盈亏平衡 50 720.72 vs 亏损 39 960.59, $p=0.000\,0$)。

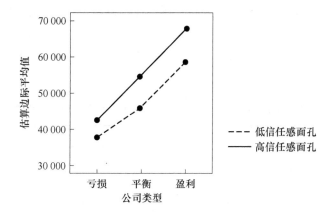

图5-23 盈余差异不显著时不同信任感面孔刺激下公司投资金额

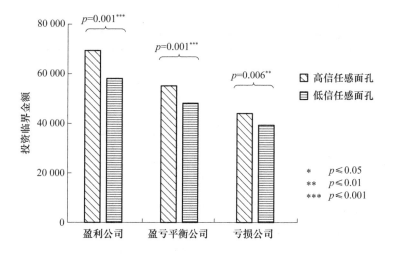

图5-24 盈余差异不显著时不同信任感面孔刺激下公司投资金额

表5-6 配对样本检验:盈余差异显著投资金额

财务状况	配对差值					t	自由度	显著性（双尾）
	平均值	标准差	标准误差平均值	差值95%置信区间				
				下限	上限			
盈利-平衡	13 157.43	24 802.93	1 913.59	9 379.49	16 935.36	6.876	167	0.000
平衡-亏损	10 760.12	17 868.75	1 378.60	8 038.39	13 481.86	7.805	167	0.000
盈利-亏损	23 917.55	23 474.94	1 811.13	20 341.89	27 493.21	13.206	167	0.000

此外,如表 5-7、表 5-8 所示,在高信任感面孔的刺激下,三种盈余状况公司投资金额有显著差异(68 628.53 vs 55 110.36 vs 42 599.28,$p=0.000\,0$);在低信任感面孔的刺激下,三种盈余状况公司投资金额有显著差异(59 127.76 vs 46 331.07 vs 37 321.90,$p=0.000\,0$)。

表 5-7 配对样本检验:高信任感面孔(H)刺激下盈余差异显著投资金额

财务状况(高信任)	配对差值					t	自由度	显著性(双尾)
	平均值	标准差	标准误差平均值	差值95%置信区间				
				下限	上限			
盈利(H)-平衡(H)	13 518.17	27 925.32	3 046.90	7 458.00	19 578.33	4.437	83	0.000
平衡(H)-亏损(H)	12 511.08	18 403.66	2 008.00	8 517.24	16 504.92	6.231	83	0.000
盈利(H)-亏损(H)	26 029.25	24 029.96	2 621.88	20 814.42	31 244.07	9.928	83	0.000

表 5-8 配对样本检验:低信任感面孔(L)刺激下盈余差异显著状况投资金额

财务状况(低信任)	配对差值					t	自由度	显著性(双尾)
	平均值	标准差	标准误差平均值	差值95%置信区间				
				下限	上限			
盈利(L)-平衡(L)	12 796.68	21 393.81	2 334.26	8 153.94	17 439.43	5.482	83	0.000
平衡(L)-亏损(L)	9 009.17	17 249.08	1 882.03	5 265.89	12 752.45	4.787	83	0.000
盈利(L)-亏损(L)	21 805.85	22 854.33	2 493.61	16 846.16	26 765.55	8.745	83	0.000

如图 5-25、图 5-26 所示,不管是在高信任感面孔还是在低信任感面孔的刺激下,公司的不同盈利状况对投资者投资金额均有显著影响。这说明在同一视觉信息的介入下,投资者理性评估发挥作用,选择盈余状况更好的公司。

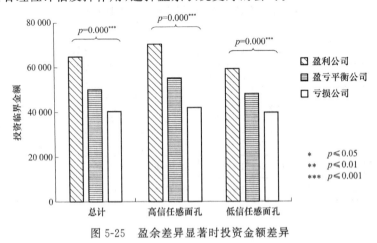

图 5-25 盈余差异显著时投资金额差异

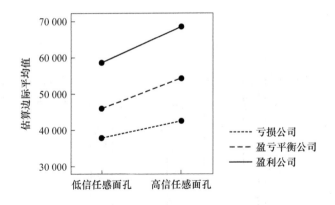

图 5-26 盈余差异显著时投资金额

在差异显著的盈余状况间,加上了不同信任感的面孔刺激后,拥有低信任感面孔的盈利公司平均投资意愿($M=59\,127.76, SD=19\,599.41$)高于拥有高信任感面孔的盈亏平衡公司平均投资意愿($M=55\,110.36, SD=22\,350.46$),差异不显著($t=1.179\,0, p=0.242\,0$);拥有低信任感面孔的盈亏平衡公司平均投资意愿($M=46\,331.07, SD=21\,342.86$)高于拥有高信任感面孔的亏损公司平均投资意愿($M=42\,599.28, SD=18\,952.94$),差异不显著($t=1.506\,0, p=0.136\,0$);拥有低信任感面孔的盈利公司平均投资意愿($M=59\,127.76, SD=19\,599.41$)高于拥有高信任感面孔的亏损公司平均投资意愿($M=42\,599.28, SD=18\,952.94$),差异显著($t=5.652\,0, p=0.000\,0$),如表 5-9、图 5-27 所示。假设 H2 未通过检验,在盈余状况有较大差异的情况下,投资者更愿意投资盈余状况较佳的公司,利用面孔刺激并不能构成投资者对财务信息的忽视,印象管理并不成立。即在财务信息和视觉信息均有显著差异且双系统加工方向相反时,投资者仍会更多地采用理性加工模式。

表 5-9 配对样本检验:盈余差异显著状况和面孔刺激下投资意愿差异

高信任-低信任	配对差值					t	自由度	显著性(双尾)
	平均值	标准差	标准误差平均值	差值95%置信区间				
				下限	上限			
盈利(L)-平衡(H)	4 017.40	31 241.60	3 408.74	−2 762.45	10 797.24	1.179	83	0.242
平衡(L)-亏损(H)	3 731.79	22 713.70	2 478.51	−1 197.39	8 660.97	1.506	83	0.136
盈利(L)-亏损(H)	16 528.48	26 803.50	2 924.50	10 711.76	22 345.19	5.562	83	0.000

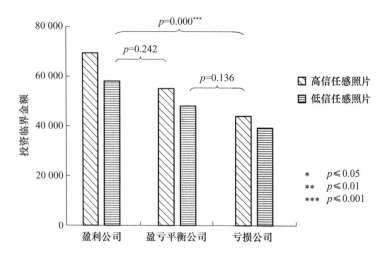

图 5-27 不同盈余和面孔刺激下投资意愿差异

实验对象在两张面孔信任感的打分上有显著差异〔M(高信任感面孔)＝5.29(SD＝1.0)＞M(低信任感面孔)＝3.65(SD＝1.39),t＝7.4,p＝0.0000〕。且在三种盈余状况的公司中,信任感打分与投资金额有显著相关性:盈利 R＝0.28,p＝0.0000;盈亏平衡 R＝0.22,p＝0.0050;亏损 R＝0.22,p＝0.0050。

三、年报视觉信息披露对投资者行为的影响路径

1. 情感体验的中介效应

两张不同信任感面孔引起被试积极情绪〔M(高信任感面孔)＝4.84,SD＝0.74;M(低信任感面孔)＝3.56,SD＝1.07〕和消极情绪〔M(高信任感面孔)＝1.88,SD＝0.66;M(低信任感面孔)＝2.93,SD＝1.29〕均有显著差异(积极情绪 t＝9.22,p＝0.0000;消极情绪 t＝−7.4,p＝0.0000),且不同信任感面孔与其所激发的被试积极情绪和消极情况均有显著相关性(r＝0.61,p＝0.0000;r＝−0.51,p＝0.0000)。

此外,在某些盈余状况下,积极情绪和消极情绪与投资意愿有显著相关性。在盈利状况下,积极情绪与投资意愿正相关(r＝0.33,p＝0.0000),消极情绪与投资意愿负相关(r＝−2.24,p＝0.0020);在盈亏平衡状况下,积极情绪与投资意愿正相关(r＝0.281,p＝0.0000),消极情绪与投资意愿负相关(r＝−0.15,p＜0.05);在亏损状况下,积极情绪与投资意愿正相关(r＝0.30,p＝0.0000),消极情绪与投资意愿的相关性不显著(r＝−0.08,p＝0.2880)。

为了进一步检验情感体验在面孔信任感影响投资意愿关系中的中介作用,进行

Bootstrap 中介变量检验,样本量选择 5 000,设置 95% 的置信区间。积极情绪和消极情绪的中介效应如表 5-10 所示。

表 5-10 积极情绪和消极情绪的中介效应

公司类型	路径	Effect	Boot SE	Boot LLCI	Boot ULCI
盈利公司	直接路径	0.090 1	0.140 2	−0.186 8	0.367 0
	总体间接路径	0.296 4	0.098 1	0.108 6	0.500 3
	积极情绪	0.212 1	0.077 7	0.077 9	0.381 3
	消极情绪	0.084 3	0.058 4	−0.024 3	0.206 5
盈亏平衡公司	直接路径	0.078 2	0.154 9	−0.227 6	0.384 0
	总体间接路径	0.247 7	0.104 6	0.053 5	0.472 8
	积极情绪	0.216 4	0.086 8	0.060 4	0.399 2
	消极情绪	0.031 3	0.063 1	−0.088 3	0.162 4
亏损公司	直接路径	0.094 4	0.132 3	−0.168 8	0.355 6
	总体间接路径	0.184 4	0.080 3	0.041 7	0.367 0
	积极情绪	0.223 2	0.067 6	0.100 8	0.370 8
	消极情绪	−0.038 8	0.052 7	−0.147 1	0.064 3

由表 5-10 可知,在盈利公司中,非直接路径中没有包含 0,表明积极情绪和消极情绪两个中介变量共同发挥的中介作用显著,作用大小为 0.296 4;在两个中介路径中积极情绪发挥了显著的中介作用,中介作用大小为 0.212 1,而消极情绪的中介作用并不显著。此外,控制了中介变量积极情绪和消极情绪后,自变量面孔信任感对因变量投资意愿的影响不显著,区间包含 0。上述结果表明,在盈利公司中,积极情绪在面孔信任感对投资意愿的影响中起中介作用,而消极情绪的中介作用不显著。盈利公司中介模型检验如图 5-28 所示。

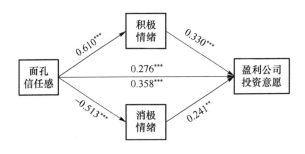

图 5-28 盈利公司中介模型检验

在盈亏平衡公司中,非直接路径中没有包含 0,积极情绪和消极情绪两个中介变量共同发挥的中介作用显著,作用大小为 0.247 7;在两个中介路径中积极情绪发挥了显著的中介作用,中介作用大小为 0.216 4,而消极情绪的中介作用并不显著。此外,控制了中介变量积极情绪和消极情绪后,自变量面孔信任感对因变量投资意愿的影响不显著,区间包含 0。上述结果表明在盈亏平衡公司中,积极情绪在面孔信任感对投资意愿的影响中起中介作用,而消极情绪的中介作用不显著。盈亏平衡公司中介模型检验如图 5-29 所示。

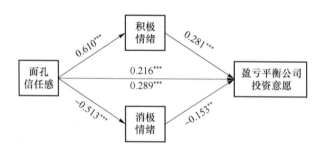

图 5-29　盈亏平衡公司中介模型检验

在亏损公司中,非直接路径中没有包含 0,说明积极情绪和消极情绪两个中介变量共同发挥的中介作用显著,作用大小为 0.184 4;在两个中介路径中积极情绪发挥了显著的中介作用,中介作用大小为 0.223 2,而消极情绪的中介作用并不显著。此外,控制了中介变量积极情绪和消极情绪后,自变量面孔信任感对因变量投资意愿的影响不显著,区间包含 0。上述结果表明,在亏损公司中,积极情绪在面孔信任感对投资意愿的影响中起中介作用,而消极情绪的中介作用不显著。亏损公司中介模型检验如图 5-30 所示。

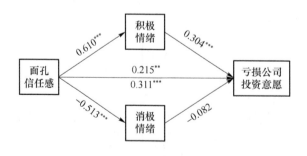

图 5-30　亏损公司中介模型检验

此外,单独检验积极情绪的中介效应。如表 5-11 所示,在三种盈余状况的公司中,非直接路径中都没有包含 0,且控制了中介变量之后,区间包含 0,自变量对因变量的影响不显著。上述过程表明,在三种不同盈余状况的公司中,不同信任感的董事长面孔对投资意愿的影响被投资者触发的积极情绪所中介,不被消极情绪所中介。假设H3通过检验,假设H4未通过检验。

表 5-11 积极情绪的中介效应

公司类型	路径	Effect	Boot SE	Boot LLCI	Boot ULCI
盈利公司	直接路径	0.1657	0.1294	−0.0898	0.4212
	间接路径	0.2208	0.0808	0.0798	0.4024
盈亏平衡公司	直接路径	0.1063	0.1422	−0.1745	0.3807
	间接路径	0.2197	0.0851	0.0699	0.4025
亏损公司	直接路径	0.0597	0.1215	−0.1803	0.2996
	间接路径	0.2192	0.0668	0.0981	0.3635

较高信任感的董事长面孔激发较强的积极情绪,从而使投资者产生较强的投资意愿;较低信任感的董事长面孔激发较弱的积极情绪,从而使投资者产生较低的投资意愿,在该过程中积极情绪发挥其中介作用。而较低信任感面孔激发出的消极情绪却不能中介其对行为的影响路径,说明消极情绪不能完全发挥其"损失趋避"的作用。反之,在已知高风险的投资状况下(较差的财务业绩),可能会导致投资者对风险的追求,以此改变当前较差的境况。因此,该路径被积极情绪中介,而消极情绪的中介效果不显著。

2. 信任感知的中介效应

两张不同信任感面孔引起的被试信任感知有显著差异[M(高信任感面孔)=4.99,$SD=0.64$;M(低信任感面孔)=4.43,$SD=0.74$;$t=5.33$,$p=0.000$],且相关性显著($r=0.51$,$p=0.000$)。此外,三种盈余状况下信任感知与投资金额有显著的相关性(盈利 $r=0.29$,$p=0.000$;盈亏平衡 $r=0.28$,$p=0.000$;亏损 $r=0.25$,$p=0.001$)。

为了进一步检验信任在面孔信任感影响投资意愿关系中的中介作用,进行Bootstrap中介变量检验,样本量选择5000,设置95%的置信区间。信任感知的中介效应如表5-12所示。

表 5-12 信任感知的中介效应

公司类型	路径	Effect	Boot SE	Boot LLCI	Boot ULCI
盈利公司	直接路径	0.2460	0.1200	0.0091	0.4830
	间接路径	0.1404	0.0617	0.0334	0.2761

续表

公司类型	路径	Effect	Boot SE	Boot LLCI	Boot ULCI
盈亏平衡公司	直接路径	0.148 1	0.130 6	−0.109 8	0.405 9
	间接路径	0.177 9	0.069 4	0.053 9	0.330 9
亏损公司	直接路径	0.155 3	0.113 2	−0.068 3	0.378 8
	间接路径	0.123 6	0.052 6	0.034 5	0.239 6

在盈利公司中,非直接路径中没有包含0,表明信任的中介作用显著,作用大小为0.140 4;在盈亏平衡公司中,非直接路径中没有包含0,表明信任的中介作用显著,作用大小为0.177 9;在亏损公司中,非直接路径中没有包含0,表明信任的中介作用显著,作用大小为0.123 6。综上,在不同盈余状况下,不同信任感的董事长面孔对投资意愿的影响被投资者的信任感知所中介。因此假设H5通过检验。

5.3.4 结论

本节的研究采用情景模拟的行为学实验方法,分析上市公司年报信息披露中以董事长照片为代表的视觉信息对投资者投资意愿的影响及作用路径。本节的研究发现如下几点。①在盈利、亏损和盈亏平衡的任意状况下,盈余指标差异不显著时,投资者更加青睐面孔信任感相对较高的董事长所在的公司;但当差异显著时,投资者会更加偏向盈余更好的公司,而忽视视觉信息的影响。②不同信任感面孔激发的积极情绪和消极情绪有显著差异,且面孔信任感与积极情绪显著正相关,与消极情绪负相关。中介检验发现,在三种盈余状况下,只有积极情绪中介了面孔信任感对投资意愿的影响,消极情绪无中介作用。③同面孔信任感引发的投资者对董事长和公司的信任感知有显著差异,且面孔信任感与信任感知显著正相关,信任感知与投资金额显著正相关。中介检验也证实了信任感知在面孔信任感对投资意愿的影响中发挥了显著的中介作用。

5.4 本章小结

本章从实证的角度分别探究了年报中披露高管照片这种视觉信息对投资者注意力和行为意愿的影响以及董事长照片对投资意愿的影响和作用路径。通过分析高管照片植入公司年报对投资者注意力和投资意愿的影响,发现在年报中披露高管照片会吸引投资者的注意力,增强投资者的投资意愿和向他人推荐的意愿并且会提高投资者愿意投资的金额,且这种效应在女性投资者群体、具有强财务背景的投资者群体、对文字信息关注度较低的投资者群体以及对高管照片关注度较高的投资者群体中更加显著;通过实验探究年报中披露的董事长照片对投资者投资意愿的影响及作用路径,发现在盈余指标差异不显著时,投资者对董事长照片中体现的面孔信任感较高的公司会产生更强的投资意愿,且这种投资意愿会受到董事长照片引发的投资者积极情绪和信任感知的中介作用。通过上述对年报视觉转向信息披露效应的研究,以期为年报中高管照片披露对投资者的影响提供实证证据,丰富和拓展相关领域的研究,并为上市公司信息披露实践的优化提供参考。

第6章 公司年报非财务信息披露的策略

上市公司年报中的非财务信息披露,其内容和形式反映了公司在业务经营、社会责任以及诚实守信等方面的基本情况,均会对企业自身的发展及信息需求者的判断与决策产生重要影响。然而,由于我国上市公司年报中的非财务信息披露以定性披露为主,在披露内容和形式上公司有很大的自主权,因而部分公司存在披露内容不全面、披露的可靠性和真实性有待考证、年报可读性有待提高、年报文本信息的语调过分积极和乐观以及年报可视化水平较低等问题。基于年报非财务信息披露的重要性以及我国上市公司当前在披露内容、披露质量、披露形式等方面的问题,我们从信息披露活动涉及的主要群体即企业、监管机构和个体投资者的角度提出相应建议,以提升上市公司非财务信息披露的质量和水平,帮助投资者等信息使用者做出理性决策。

6.1 基于企业的视角

6.1.1 完善披露内容,履行企业责任

上市公司年报中披露的非财务信息作为自愿性披露的内容,对于财务报告来说是必要的、不可或缺的补充,真实可靠的非财务信息披露能够缓解信息不对称程度,起到降低融资约束、提升财务绩效和企业价值等作用,然而目前仍有很多企业存在披露水平较低、披露内容缺乏真实性和有效性等问题,因而我国上市公司需要进一步完善非财务信息披露的内容并提高披露质量。

上市公司提高其非财务信息披露内容的数量和质量,可以从两个方面入手:一是增加非财务信息披露的内容类型,如增加近年来颇受关注的 ESG 信息和信用信息的披露;二是加强企业内部的监督,提高信息披露质量。

在增加非财务信息披露内容的类型方面,上市公司可以在年报中更多地披露环境信息、碳信息、公司治理信息、社会责任信息、管理层讨论与分析和信用信息等。具体来说,企业首先要严格遵循信息披露的法律法规以及证监会和交易所的相关规定,以此来确定必须要披露的信息,并积极寻求更多的自愿性披露。在此基础上,企业需要提高对年报中非财务信息披露的重视程度,结合企业自身特色和经营状况,完善非财务信息披露顶层设计规划,逐步提高信息披露的数量和质量,披露更加完整的非财务信息。同时,披露的非财务信息依托于公司真实发生的活动,因而要想提升企业非财务信息披露的水平,需要公司履行其社会责任;对于年报中的环境信息和碳信息披露,管理层应着眼长远,理解并发挥碳信息披露对企业长期价值的正向作用,加强碳减排研发投入,降低碳排放水平,通过建立碳减排职能小组等方式保证全面可靠地披露碳排放信息,还可以增加碳信息披露的载体和形式,保证信息的可靠性,尤其对于重污染企业来说,更应当落实环境信息公开的主体责任,减少短期行为;对于社会责任信息,公司在生产经营的过程中,要切实保护好股东、债权人、职工、供应商、客户等利益相关者的权益,及时缴纳税款并积极投身社会公益事业,为在年报中披露更多更好的社会责任信息提供切实依据;近年来 ESG 信息受到国内监管机构和学术界的普遍关注,企业也应当在年报中更多地披露 ESG 信息,即在重视环境信息和社会责任信息披露的同时,完善公司内部治理机制,提升年报中公司治理信息披露的质量和水平。

此外,随着国家和社会对于信用体系建设的重视,对企业的信用信息披露要求进一步提高。在此背景下,企业应当树立诚信意识,在守信意愿、守信能力和守信表现等各个方面投入资本,并主动、真实地在年报中披露相关信息。在守信意愿建设方面,企业应制定可持续发展战略,严格规范领导层人员的市场行为,建立完善的法人治理体系,建立健全信用管理、信息披露等制度规范,加强品牌建设、发挥品牌效应等,进而通过高质量的守信意愿信息披露向社会公众传达企业的价值观和可持续发展能力;在守信能力方面,企业应当建立并运行企业的诚信管理体系,完善企业的人力资源管理、安全管理和产品质量管理体系,通过加强内部诚信管理、组织管理、技术研发能力等手段提升其市场竞争力及财务表现,进而通过高质量的守信能力信息披露质量体现出企业的经营能力;在守信表现方面,企业应当积极履行社会责任,树立良好的社会形象,通过守信表现的信息披露展现企业强大的经济实力和社会责任感,获取利益相关者的信任,实现共赢。企业依托良好的守信意愿、守信能力和守信表现在年报中披露高质量的信用信息,向信息需求者传递企业信用建设的成果。

在加强企业内部监督方面,要充分发挥公司内部治理机制的监督作用,强化监事会、董事会以及股东大会对企业非财务信息披露内容和质量的监管。要优化监事会队伍结构,选择责任感强、专业技能水平高、个人综合素质高的人员担任监事,并优化监事会的任职资格制度,以防止其受到管理层的干扰;对于公司董事会,需要通过实现权责分离、提高独立董事比例等方式增强董事会的独立性,以使其有效发挥监督作用;同时,建立健全股东大会制衡机制,优化股权比例,防止出现"一股独大"的问题,以使股东发挥监督作用。

6.1.2 规范可读性和语调,提升年报信息效用

非财务信息披露的可读性和语调这两大关键的语言特征能够反映公司的业绩表现,吸引投资者的注意力,并影响投资者的投资意愿和决策行为。而随着信息爆炸式的增长,投资者对公司披露信息的处理能力和时间有限,因此公司需要利用好年报的语言特征来吸引投资者的注意力。

企业应当提高年报中非财务信息易于阅读和理解的程度,使自愿披露的文本内容精炼和规范,减少语气语调修辞等对投资者的干扰,增强信息的可读性和可理解性。具体来说,可以通过以下方式提高文本信息的可读性:①年报中披露的文本信息尽量使用主动语态,更加直白地传递公司信息;②在披露文本信息时尽量避免繁复冗长的句式,使用简短易懂的语句披露信息;③多使用明确的、具体的日常用语;④对于需要在年报中披露的复杂内容,尽可能利用列表的形式予以展现;⑤尽可能避免引用法律术语或专业性很高的商业条款;⑥尽可能使用复杂句式,如双重(或多重)否定句,降低投资者的理解难度;⑦在段落前添加标题并加粗显示,以帮助投资者更快速和直观地理解相应部分的大意;⑧对于复杂的概念可以通过问答的形式得以呈现。可通过这些途径来提高年报的可读性,提升信息使用者的阅读体验。

年报文本信息的语调主要是通过调控语言叙述中的积极和消极词汇来体现信息披露方的情感倾向的,能够更加直观地反映公司对其当前经营状况和未来发展前景的乐观程度,从而影响投资者的判断和选择。而在企业的披露实践中,管理层操纵年报文本信息的语调以粉饰不良业绩或获得投资者支持的情况屡见不鲜。对此,上市公司需要建立完备的信息披露制度,并注重加强自身的内部控制制度建设,强化公司内部董事会、监事会、股东等利益相关者对公司经营管理和管理层行为的监督,促使管理者在撰写年度报告、对外发布业绩预告的过程中,避免基于自由裁量权而对非财务信息披露语调的操纵行为,要基于客观、准确的原则,向信息使用者提供高质量的、最贴近公司发展状况的真实信息。

6.1.3 重视视觉信息披露,提高信息传递效率

年报中信息披露的"视觉转向"近年来受到颇多关注,我国上市公司年报普遍使用表格的形式来辅助信息的传递。已有研究表明,在年报中披露可视化图表等视觉信息,能够提高信息传递的效率,影响投资者对企业的感知和投资决策。结合视觉信息披露对企业的重要作用以及技术发展和市场竞争激烈的背景,企业应当提升年报披露的可视化水平,基于其自身的经营状况,在编制年度报告时可以采用一定数量的图片和图表,如采用柱状图、饼状图等统计图表对数据和文本信息进行直观展示,通过这种图文并茂的方式提高投资者获取信息的效率,从而影响投资者的投资意愿和决策行为。

6.2 基于监管机构的视角

6.2.1 建立和完善信息披露制度和监督体系

提升上市公司年报非财务信息披露的质量和水平,离不开政府和监管部门的监督。从政府和监管部门的角度来说,需要构建完善的年报信息披露准则,明确规定上市公司在年报中所需披露的内容、格式等,鼓励上市公司在强制性披露的基础上更多地进行自愿性披露,同时需要构建有效的信息披露评价体系和监管机制,并完善相关的法律法规,提高对违法违规行为的惩处力度。

具体来说,在对上市公司披露内容和质量的监管上,政府政策制定者可以制定符合国情和企业实际情况的且操作性强的信息公开制度相关政策指引和评价机制,并建立完善的信息披露监督机制,制定统一的信息披露框架,督促企业在年报中披露的内容和质量符合相关制度的规定,同时应健全奖罚机制,鼓励和引导积极披露非财务信息的企业,惩罚未按规制披露的企业,还可以建立外部独立的第三方鉴证体系,对上市公司在年报中披露的非财务信息进行审查与鉴证,提高非财务信息披露的可靠性,并积极利用大数据、人工智能等技术推动各部门共同建立非财务信息共享机制,提升监管能力。此外,还可以优化审计制度,要求审计人员增强对企业非财务信息的审查,进一步加强对上市公司非财务信息披露内容和质量的监管。

近年来,企业违背诚信原则的事件时有发生,且目前我国企业披露的有关守信意

愿、守信能力、守信表现等的信用信息尚不全面，甚至有部分企业披露信用信息仅是为了迎合政策规定，无法保证披露质量。针对我国目前上市公司在信用信息披露的质量和水平方面存在的不足之处，监管部门应强化信用信息披露监督机制并健全信用信息披露制度，完善相关法律法规，对上市公司信用信息披露相关准则进行进一步的扩充与完善，加强对企业信用信息披露的指导和监督。政府部门有必要进一步完善全国信用信息公示系统中的年报公示制度，鼓励上市公司通过多渠道进行完备、及时、真实的信用信息披露。对于为迎合政策规定而披露低质量信用信息的企业，监管部门应进一步细化披露标准，在现有的指标体系基础上引入量化指标，更直观地体现企业信用经营成果。对于未在规定时间内披露信用信息的企业，监管部门应当查明原因，确定企业是否存在经营异常、违法失信等情况，并时刻对这类企业进行监督和周期性抽检，督促其按时披露信用信息。同时政府部门应该加强信用信息公示平台页面布局及系统稳定性建设，帮助社会公众快速找到所需企业年报及经营异常、违法失信企业名单，提升系统使用效率，促进该系统的推广使用，从而推动信用社会建设。

在年报文本信息的语言特征方面，需要通过法律法规等制度规范，提高年报的可读性并规范年报文本信息的语调。监管部门需要进一步颁布有针对性的法律法规，并在相关准则中对年报文本信息的可读性和语调做出明确指示，要求企业披露语义明确、语言平实、篇幅适中的年报，提高与外部信息使用者之间的沟通效率。监管机构还需要找寻适合中文语境的年报可读性指标，以制定可以量化的文本信息评判标准，为企业信息披露提供具体的执行指导方针。此外，监管部门可以寻求与高校科研机构的深入合作，探索一种权威的、适合中国国情的衡量年报可读性的方法，在此基础上探索出合理的划分年报可读性等级的阈值，在实践过程中对企业的年报可读性进行等级划分，鼓励企业提高所披露年报的可读性等级，强制要求企业所披露年报的可读性不得低于最低要求等级，以此作为企业信息披露质量的评估手段。

6.2.2 鼓励信息披露形式多元化

对于上市公司年报信息披露的形式，随着信息的爆炸式增长和市场竞争的日趋激烈，企业需要通过提高年报信息的可读性和可视化来提高信息传递的效率以及获得投资者的关注，然而，相较于我国香港交易所和国外上市公司，我国上海证券交易所和深圳证券交易所上市公司年报信息披露的形式始终较为保守。虽然中国证监会早在披露准则中明确了建议采用图文并茂的方式披露信息，但实际上却鲜少有企业执行。对此，监管部门可以通过颁布明确的条文鼓励上市公司增强对非财务信息的披露，在制定基本披露内容和相关标准的前提下,适度放开对信息披露形式的严格限制,鼓励年报非财务信息披露形式的多元化,可以倡导企业在披露信息时增加会计专业术语的注释、对相关信息采用图示法等方法提升年报的可读性,鼓励企业披露高管照片等视觉图像类型的非财务信息,丰富年报披露内容的形式,提升年报的可视化水平,促进财务信息、文本信息和视觉信息的相辅相成、完美融合,实现信息的更高效传递。

其中,由于我国上海证券交易所和深圳证券交易所上市公司年报中缺少对高管照片的披露,而高管照片能够展示公司高管的外貌这一先天特质,这一重要特质能够更加直观地反映高管的特征和能力,从而对投资者行为产生重要的影响。公司团队和员工图片可以体现出公司的人文关怀和以人为本的管理理念,甚至一些工作状态的照片还可以反映公司文化和价值观理念,这些都会影响投资者对公司的价值感知,因此监管部门可以着重鼓励上市公司披露有关高管照片等企业人力资本图片的信息。在中国证监会发布的《公开发行证券的公司信息披露内容与格式准则第 2 号——年度报告的内容与格式》提出的公司可以在年报中刊载宣传本公司的照片这一要求的基础上,监管部门应进一步鼓励企业基于其高管特质以及公司人力资本建设等方面的实际情况,增加对高管照片等人力资本图片的披露,以展示公司管理层的特征和能力,形成对公司文化的强化和良性输出,通过这种图文并茂的方式营造出令投资者感到积极乐观的情绪氛围,增强投资者对企业的信任感知,并提高投资者获取信息的效率,以此来影响投资者的投资意愿和决策行为。

6.3　基于投资者的视角

6.3.1　完善投资理念,降低投资风险

投资者作为上市公司年报信息的主要使用群体,其投资意愿和决策行为会受到企业年报中披露的非财务信息质量和水平的影响。且相较于机构投资者来说,个体投资者在财务基础、专业判断等方面的能力较为薄弱,因而其在基于企业年报信息做出判断和决策时需要更加谨慎,需要不断完善自己的专业技能、知识体系和投资理念,以提高决策的准确性。当个体投资者判断企业年报中披露的非财务信息质量时,其需要评估企业的财务状况是否良好,并将企业是否遵循信用原则作为重要的参考标准,即将企业的诚信经营情况纳入投资决策的考察因素,从而降低投资风险,做出理性决策。

同时,投资者在做出投资决策之前,可以充分考察企业的历史信用评级,通过信用评级的高低以及整体变化趋势判断企业经营的信用状况和可持续发展状况,以此判断投资的持续性和稳健性。

6.3.2 增强信息解读能力,做出最佳投资决策

企业年报中披露的非财务信息多以文本形式为主,文本信息本身内容的真实性和可靠性以及可读性和语调等语言特征都会影响投资者对企业当前经营业绩和未来发展前景的判断,从而影响投资决策。同时,公司管理层对披露的内容和语言特征具有较大的自由裁量权,当公司披露可读性差、异常积极语调的非财务信息时,可能会对投资者的判断和选择产生误导,加大投资者做出正确决策的难度。因此投资者需要增强对文本信息的解读能力,在关注非财务信息披露内容的同时,注重留意通过篇幅、句子长度、专业术语等体现的可读性以及带有情感倾向的词汇体现出的文本信息语调,感知管理层所要表达的潜在意思,对公司未来的业绩及风险进行预判。同时要将年报中的非财务信息与财务信息相结合,并借助多方面信息渠道,比如参考机构投资者和证券分析师的意见,正确判断年报中披露的非财务信息的真实性,识别可能存在的策略性披露行为,从而做出最佳的投资决策。

6.4 本章小结

提升上市公司年报非财务信息披露的质量和水平,需要企业、监管机构、投资者等各方主体的共同努力。企业自身应当履行企业责任,进一步完善非财务信息披露的内容并提高披露质量,并且需要规范年报文本信息的可读性和语调,重视视觉信息的披露,提升信息披露的可视化水平,从而提高信息传递的效率和效果。政府、中国证监会、交易所等监管机构要建立和完善企业年报信息披露制度和监管体系,加强对上市公司非财务信息披露内容和质量的指导和监管,同时鼓励年报非财务信息披露形式的多元化,丰富年报披露内容的形式,鼓励上市公司披露高管照片等视觉信息,促进信息的高效传递。投资者在依托企业年报信息做出决策的过程中,应当不断完善自己的专业技能、知识体系和投资理念,评估企业的财务状况和诚信经营情况,并增强对文本信息的解读能力,以预判公司未来业绩和经营风险,提高决策的准确性。

第 7 章 结论与展望

本章对披露现状和效应进行归纳,得出几点结论,并对未来研究进行一下展望,比如对视觉信息(图与表、图形以及图片等视觉信息)、财务数字化信息或智能化信息披露展开研究(通过行为学实验、机器学习等方法)。

本书的研究对我国上市公司年报中的非财务信息披露情况进行了较为全面的梳理和总结,并在此基础上重点关注了语言转向和视觉转向的披露现状及效应。通过对已有相关研究的梳理,我们总结了年报非财务信息披露的内容与形式、影响因素和动机、经济后果以及度量方式等,连同信息不对称理论、委托代理理论、信号传递理论、信誉理论、双重态度理论和双加工理论等理论基础展开对年报非财务信息语言转向和视觉转向的现状及效应的研究。在年报披露现状方面,我们通过搜集相关数据,发现在语言转向上,我国有越来越多的上市公司在年报中较为详细地披露了环境、社会责任、公司治理、信用信息等非财务信息,且披露内容不断丰富和完善,但仍有一些企业存在披露内容不健全,甚至不披露的问题。近年来有关年报文本信息可读性和语调的研究和数据表明,我国上市公司年报中文本信息的可读性总体偏低,对信息使用者的专业能力提出了较高的要求,而语调则普遍偏向正面和积极,可能会存在异常积极语调的现象。在视觉转向上,虽然中国证监会鼓励上市公司在年报中披露必要的视觉图像信息,但我国在年报中披露高管照片等视觉图像信息的上市公司多见于香港交易所,大陆上市公司的视觉披露水平几乎为零。在年报非财务信息披露效应的研究上,我们重点考察了语言转向中的信用信息披露、可读性的效应以及视觉转向中高管照片对投资者的影响。在对信用信息披露质量效应的研究中,我们采用文本分析法,构建信用信息披露质量评价指数,通过实证分析发现高质量的信用信息披露会降低企业的债务资本成本和股权资本成本,这与以往研究得出的非财务信息披露质量能够降低资本成本的结论一致。在可读性对投资者影响的研究中,我们采用行为学实验和内隐联想测验相结合的方法,探究年报可读性对投资者意愿与行为的影响,研究发现年报的可读性越高,投资者的投资意愿越强烈,体现在投资者的外显态度和内隐态度越发强烈上,且投资者的行为越积极，体现在最终的投资金额越大上，并得出了这种效应通过影响投资者的情感体验和信任感知而实现的结论。在高管照片对投资者影响的研究中，我们通过行为学实验和眼动仪实验相结合的跨学科研究方法，发现在年报中披露高管照片会吸引投资者的关注，并增强投资者的投资意愿、向他人推荐意愿以及增加投资者的愿意投资金额，且对投资者意愿的影响会随着关注时间的增加而增强，进一步研究发现，在年报中披露高管照片对投资者行为意愿的影响会受到投资者性别、财务背景以及对文字信息的关注度三方面的调节作用。此外，我们还借助于情景模拟的行为学实验方法，分析了上市公司在年报中披露董事长照片对投资者意愿的影响及作用路径，研究发现在财务状况差异不显著的情况下，董事长照片会影响到投资者的投资偏好，投资者会更青睐面孔信任感较高的董事长所在的公司，且这种影响会受到投资者积极情绪和信任感知的正向中介作用。

通过梳理上市公司年报非财务信息披露的已有研究，以及我们对我国上市公司年报非财务信息语言转向和视觉转向现状及效应的研究，可知目前对于信用信息披露效应和视觉信息披露的相关研究仍需丰富和完善，今后在相关研究中可以进一步改善信用信息披露质量的度量方法，丰富信用信息披露在影响因素及经济后果等方面的研究，采用合适的方法拓展各种视觉信息对公司自身及利益相关者的研究。此外，随着数字经济的发展，越来越多的企业积极寻求数字化转型并在年报中披露相关信息，因而可以借助于机器学习、随机森林等研究方法对企业披露的财务数字化信息或智能化信息展开研究。

参考文献

[1] 刘根霞.非财务信息披露、外资持股与企业 IPO 定价效率[J].财会通讯,2021(21):53-56.

[2] Du M, Chai S L, Wei W, et al. Will environmental information disclosure affect bank credit decisions and corporate debt financing costs? Evidence from China's heavily polluting industries[J]. Environmental Science and Pollution Research,2022,29(31):47661-47672.

[3] Xue J, He Y S, Liu M, et al. Incentives for Corporate Environmental Information Disclosure in China: Public Media Pressure, Local Government Supervision and Interactive Effects[J]. Sustainability,2021,13(18):1-20.

[4] 张慧明,李丽蓉,曹紫荆.环境信息披露与高耗能行业的绿色创新——基于媒体关注的调节作用[J].会计之友,2022(17):44-53.

[5] 宋晓华,蒋潇,韩晶晶,等.企业碳信息披露的价值效应研究——基于公共压力的调节作用[J].会计研究,2019(12):78-84.

[6] Cao Qilin, Zhou Yunhuan, Du Hongyu, et al. Carbon information disclosure quality, greenwashing behavior, and enterprise value [J]. Frontiers in Psychology,2022(13):1-17.

[7] 谢宜章,唐辛宜,吴菁琳.环境信息披露对企业财务绩效的影响——基于沪深 A 股化工行业上市公司的经验分析[J].湖南农业大学学报(社会科学版),2022,23(4):115-124.

[8] Zhang H F, Zhang Z, Tan A, et al. Quantity, Quality, and Performance of Corporate Social Responsibility Information Disclosure by Listed Enterprises in China: A Regional Perspective[J]. International Journal of Environmental Research and Public Health,2020,17(7):1-16.

[9] Hu W X, Du J Z, Zhang W G. Corporate Social Responsibility Information

Disclosure and Innovation Sustainability: Evidence from China[J]. Sustainability, 2020,12(1):1-19.

[10] 蔡显军,王一帆,万矗来,等.战略合作信息披露质量对企业信用风险影响的实证研究[J].中国软科学,2022(4):105-114.

[11] Thakor A V. Strategic information disclosure when there is fundamental disagreement[J]. Journal of Financial Intermediation,2015,24(2):131-153.

[12] 李子健,李春涛,冯旭南.非财务信息披露与资本市场定价效率[J].财贸经济,2022,43(9):38-52.

[13] 张俊瑞,仇萌,张志超,等."深港通"与前瞻性信息披露——基于上市公司年报语言将来时态特征的研究[J].证券市场导报,2022(4):15-26.

[14] Amel-Zadeh A, Serafeim G. Why and How Investors Use ESG Information: Evidence from a Global Survey[J]. Financial Analysts Journal,2018,74(3):87-103.

[15] 袁蓉丽,江纳,刘梦瑶.ESG研究综述与展望[J].财会月刊,2022(17):128-134.

[16] 章政,张丽丽.信用信息披露、隐私信息界定和数据权属问题研究[J].征信,2019,37(10):18-24.

[17] 高锦萍,吴美娟.公司年报信用信息披露质量对股权资本成本的影响[J].北京邮电大学学报(社会科学版),2022,24(4):39-50.

[18] Barron J M, Staten M. The value of comprehensive credit reports: lessons from the U.S. experience[J]. Credit Reporting Systems and the International Economy, 2003, 8: 273-310.

[19] 潘滕杰,梁艺榕.信用信息披露机制对商业银行风险承担的影响[J].合作经济与科技,2017(11):58-61.

[20] 薛湉.年报公示下的企业信用信息公开研究[D].天津:天津大学,2016.

[21] 高锦萍,李双承,万岩.从理论创新到方法突破:语言和视觉会计信息披露的实验研究综述[J].北京邮电大学学报(社会科学版),2020,22(1):61-68.

[22] Mouritsen J, Larsen H T, Bukh P N. Valuing the future: intellectual capital supplements at Skandia[J]. Accounting, Auditing & Accountability Journal,2001,14(4):399-422.

[23] Low M, Davey H, Davey J. Tracking the professional identity changes of an accountancy institute: The New Zealand experience[J]. Journal of

Accounting & Organizational Change, 2012, 8(1):4-40.

[24] Steenkamp N, Northcott D. Content analysis in accounting research: the practical challenges[J]. Australian Accounting Review, 2007, 17(43):12-25.

[25] Davison J. Barthesian perspectives on accounting communication and visual images of professional accountancy[J]. Accounting, Auditing & Accountability Journal, 2011, 24(2):250-283.

[26] Maama H, Mkhize M. Integrated reporting practice in a developing country—Ghana: legitimacy or stakeholder oriented?[J]. International Journal of Disclosure and Governance, 2020, 17(4):230-244.

[27] 黄立新,程新生,张可.大股东股权质押对股价波动的影响——基于非财务信息披露视角[J].系统工程,2021,39(4):139-150.

[28] 张正勇,董娟.非财务信息披露与信息不对称——基于社会责任报告披露的研究[J].会计之友,2017(16):8-13.

[29] 韩鹏,靳轩轩,赵晓丽.非财务信息披露:透视与展望[J].财会月刊,2017(9):78-82.

[30] Dimaggio P J, Powell W W. The iron cage revisited: institutional isomorphism and collective rationality in organizational fields[J]. American Sociological Review, 1983, 48(2):147-160.

[31] 夏云峰,李彦融.管理防御与非财务信息披露质量——基于我国上市公司的实证检验[J].湘潭大学学报(哲学社会科学版),2019,43(3):101-104.

[32] Ryou J W, Tsang A, Wang K T. Product Market Competition and Voluntary Corporate Social Responsibility Disclosures[J]. Contemporary Accounting Research, 2022, 39(2):1215-1259.

[33] 张雱若,杨金凤.公司战略对内部控制缺陷信息披露的影响研究[J].会计研究,2020(6):171-180.

[34] Sanchez R G, Lopez-Hernandez A M, Bolivar M P R. Which Are the Main Factors Influencing Corporate Social Responsibility Information Disclosures on Universities' Websites[J]. International Journal of Environmental Research and Public Health, 2021, 18(2):524.

[35] Grewal J, Riedl E J, Serafeim G. Market Reaction to Mandatory Nonfinancial Disclosure[J]. Management Science, 2018, 65(7):3061-3084.

[36] 蒋艳辉,冯楚建.MD&A语言特征、管理层预期与未来财务业绩——来自中国

创业板上市公司的经验证据[J].中国软科学,2014(11):115-130.

[37] 程晋烽.盈余管理与管理层讨论和分析可读性关系研究[J].财会通讯,2018(21):82-86.

[38] 孙文章.董事会秘书声誉与信息披露可读性——基于沪深A股公司年报文本挖掘的证据[J].经济管理,2019,41(7):136-153.

[39] 逯东,宋昕倍,龚祎.控股股东股权质押与年报文本信息可读性[J].财贸研究,2020,31(5):77-96.

[40] 王海芳,姜道平,许莹.数字化转型能否提高信息披露质量?——基于年报可读性的研究[J].管理现代化,2022,42(2):58-65.

[41] 朱光,王纯熙.年报可读性与内部人交易研究——基于文本挖掘视角[J].金融监管研究,2022(4):100-114.

[42] 于明洋,吕可夫,阮永平.文过饰非还是如实反映——企业避税与年报文本复杂性[J].经济科学,2022(3):112-126.

[43] 张英明,徐晨.经营期望落差、内外部监督与MD&A文本信息披露特征[J].财会通讯,2022(8):70-75.

[44] 刘建梅,李洁,孙洁.股权激励、投资者情绪和MD&A语调管理[J].财经论丛,2022(6):72-81.

[45] 宋思淼,刘淑莲,李济含.股权质押、控制权转移风险与年报语调操纵——基于年报文本分析的经验证据[J].金融评论,2022,14(4):102-123.

[46] Bellucci M, Acuti D, Simoni L, et al. Hypocrisy and legitimacy in the aftermath of a scandal: an experimental study of stakeholder perceptions of nonfinancial disclosure[J]. Accounting, Auditing & Accountability Journal, 2021,34(9):182-194.

[47] 张浩,陶伦琛.境外投资者持股与环境信息披露:来自上市公司的实证分析[J].世界经济研究,2022(7):105-119.

[48] 王跃堂,周洁.媒体报道与MD&A语调操纵[J].安徽大学学报(哲学社会科学版),2022,46(3):106-117.

[49] 王海林,付文博.监管问询影响下游客户的管理层语调吗?——基于财务报告问询函和MD&A的分析[J].审计研究,2022(3):104-116.

[50] 贺康,万丽梅.政治关联与管理层语调操纵——声誉约束观还是资源支持观?[J].中南财经政法大学学报,2020(5):17-27.

[51] 张璇,胡婧,李春涛.卖空机制与管理层语调操纵——业绩说明会文本分析的

证据[J]. 经济科学，2022(4):138-153.

[52] Helbig M. The Effect of Mandatory CSR Disclosure on Information Asymmetry: Evidence from a Quasi-Natural Experiment in China[J]. Social Science Electronic Publishing, 2013,33(5):1-17.

[53] Dhaliwal D, Li O Z, Tsang A H C, et al. Voluntary nonfinancial disclosure and the cost of equity capital: the initiation of corporate social responsibility reporting[J]. The Accounting Review, 2011,86:59-100.

[54] Ghoul S E, Guedhami S O, Kwok C C Y, et al. Does corporate social responsibility affect the cost of capital? [J]. Journal of Banking and Finance, 2011,35(9):2388-2406.

[55] Dhaliwal D, Huang S, Khurana I K, et al. Product market competition and conditional conservatism[J]. Review of accounting studies, 2014,19(4):1309-1345.

[56] 黄心羽，徐文娟.上市公司社会责任信息披露质量对权益资本成本的影响研究[J]. 商业会计，2018(11):67-71.

[57] 郝臣，刘琦，郑钰镜.我国企业社会责任信息披露对融资成本影响的研究[J]. 财务管理研究，2020(9):16-23.

[58] 王建玲，李玥婷，吴璇.企业社会责任报告与债务资本成本——来自中国A股市场的经验证据[J]. 山西财经大学学报，2016,38(7):113-124.

[59] 王雄元，曾敬.年报风险信息披露与银行贷款利率[J]. 金融研究，2019(1):54-71.

[60] 傅传锐，王美玲.智力资本自愿信息披露、企业生命周期与权益资本成本：来自我国高科技A股上市公司的经验证据[J]. 经济管理，2018,40(4):170-186.

[61] 黄炳艺，雷丽娜，陈春梅.碳会计信息披露质量与债务资本成本——基于我国电力行业上市公司的经验证据[J]. 数理统计与管理，2023,42(4):581-594.

[62] Gozali N O, How J, Verhoeven P. The economic consequences of voluntary environmental information disclosure[EB/OL]. (2022-01-31)[2024-01-06]. https://www.researchgate.net/profile/Peter-Verhoeven-5/publication/228435138_The_economic_consequences_of_voluntary_environmental_information_disclosure/links/57d7db3908ae5f03b49802fb/The-economic-consequences-of-voluntary-environmental-information-disclosure.pdf.

[63] 张巧良，宋文博，谭婧.碳排放量、碳信息披露质量与企业价值[J]. 南京审计学

院学报，2013,10(2):56-63.

[64] 杜湘红，伍奕玲.基于投资者决策的碳信息披露对企业价值的影响研究[J].软科学，2016,30(9):112-116.

[65] 柳学信，杜肖璇，孔晓旭，等.碳信息披露水平、股权融资成本与企业价值[J].技术经济，2021,40(8):116-125.

[66] Freedman M, Jaggi B. Global warming, commitment to the Kyoto protocol, and accounting disclosures by the largest global public firms from polluting industries[J]. The International Journal of Accounting, 2005, 40(3): 215-232.

[67] 李力，刘全齐，唐登莉.碳绩效、碳信息披露质量与股权融资成本[J].管理评论，2019,31(1):221-235.

[68] 曾晓，韩金红，余珍."一带一路"背景下新疆地州市投资环境评价研究[J].乌鲁木齐职业大学学报，2016,25(4):46-50.

[69] 李慧云，符少燕，高鹏.媒体关注、碳信息披露与企业价值[J].统计研究，2016,33(9):63-69.

[70] Jonathan S, Setiawan T. The effect of enterprise risk management disclosure, corporate social responsibility disclosure, and profitability on the value of manufacturing companies listed on the idx for the year 2019—2020 [J]. Inquisitive:International Journal of Economic,2022,2(2): 119-131.

[71] 沈洪涛，杨熠.公司社会责任信息披露的价值相关性研究——来自我国上市公司的经验证据[J].当代财经，2008(3):103-107.

[72] 王苏生，康永博.信息披露制度、公司风险投资(CVC)信息披露与公司价值[J].运筹与管理，2017,26(12):92-103.

[73] 李宏伟，黄国良.环境信息披露的价值效应研究[J].技术经济与管理研究，2015(11):81-85.

[74] 张志超.可持续发展视角下智力资本信息披露对企业价值的影响——基于我国商贸流通上市企业的实证[J].商业经济研究，2022(10):174-177.

[75] Hwang B-H, Kim H H. It pays to write well[J]. Journal of Financial Economics，2017,124(2): 373-394.

[76] Jin L ,Myers C S. R^2 around the world: new theory and new tests[J]. Journal of Financial Economics,2006,79(2):257-292.

[77] 席龙胜，王岩.企业 ESG 信息披露与股价崩盘风险[J].经济问题，2022(8):

57-64.

[78] 朱杰.国际化战略对企业债务融资成本的影响:"风险效应"抑或"治理效应"[J].贵州财经大学学报,2022(3):48-58.

[79] 李新丽,万寿义.社会责任信息披露与资本市场定价效率——基于股价同步性视角[J].现代财经(天津财经大学学报),2019,39(6):45-60.

[80] 权小锋,吴世农,尹洪英.企业社会责任与股价崩盘风险:"价值利器"或"自利工具"?[J].经济研究,2015,50(11):49-64.

[81] 曾庆生,周波,张程,等.年报语调与内部人交易:"表里如一"还是"口是心非"?[J].管理世界,2018,34(9):143-160.

[82] 王嘉鑫,陈今,史亚雅.年报非财务信息的文本披露语言特征会影响股价崩盘风险吗?[J].北京工商大学学报(社会科学版),2022,37(3):98-112.

[83] 王运陈,贺康,万丽梅,等.年报可读性与股票流动性研究——基于文本挖掘的视角[J].证券市场导报,2020(7):61-71.

[84] Plumlee M, Brown D, Marshall S. The Impact of Voluntary Environmental Disclosure Quality on Firm Value[J]. Academy of Management 2009 Annual Meeting: Green Management Matters, 2009(1):1-6.

[85] 何玉,唐清亮,王开田.碳绩效与财务绩效[J].会计研究,2017(2):76-82.

[86] 蒋琰,周雯雯.碳信息披露要素与企业绩效关系研究[J].南京财经大学学报,2015(4):68-78.

[87] 李秀玉,史亚雅.绿色发展、碳信息披露质量与财务绩效[J].经济管理,2016,38(7):119-132.

[88] 崔也光,马仙.我国上市公司碳排放信息披露影响因素研究——基于100家社会责任指数成分股的经验数据[J].中央财经大学学报,2014(6):45-51.

[89] Hang T T, Ngoc B H. Effect of corporate social responsibility disclosure on financial performance[J]. Asian Journal of Finance & Accounting,2018,10(1):40-58.

[90] 吴文洋,唐绅峰,韦施威.社会责任、媒体关注与企业财务风险——基于中国上市公司的经验证据[J].管理学刊,2022,35(1):124-141.

[91] 韩芳,杨柳.社会责任信息披露与财务风险[J].统计与决策,2021,37(14):165-168.

[92] 赵晶,孟维烜.官员视察对企业创新的影响——基于组织合法性的实证分析[J].中国工业经济,2016(9):109-126.

[93] 张哲,葛顺奇.环境信息披露具有创新提升效应吗?[J].云南财经大学学报,2021,37(2):69-82.

[94] 张秀敏,杨连星,汪瑾.企业环境信息披露促进了研发创新吗?[J].商业研究,2016(6):37-43.

[95] 常莹莹,曾泉.环境信息透明度与企业信用评级——基于债券评级市场的经验证据[J].金融研究,2019(5):132-151.

[96] 王敬勇,刘子诺.智力资本信息披露降低了分析师盈利预测偏差吗?——基于产品市场竞争的调节效应[J].商业会计,2022(15):35-41.

[97] 邱静,李丹.管理层信息披露语调与企业违规[J].科学决策,2022(5):1-14.

[98] Halford J T, Hsu S H C. Beauty is wealth: CEO appearance and shareholder value [D]. s. n.: Social Science Research Network, 2014.

[99] 沈艺峰,王夫乐,黄娟娟,等.高管之"人"的先天特征在 IPO 市场中起作用吗?[J].管理世界,2017(9):141-154.

[100] Laidroo L. Reliability of Graphs Disclosed in Annual Reports of Central and Eastern European Banks[J]. Eastern European Economics, 2016, 54(4):319-350.

[101] 龙思.高管照片植入公司年报对投资者注意力和行为意愿的影响[D].北京:北京邮电大学,2019.

[102] 袁畅.基于双加工理论的公司年报信息披露对投资者行为的影响研究[D].北京:北京邮电大学,2019.

[103] 高锦萍,王伟军.公司高管个人特质信息披露的特征及影响因素研究[J].情报科学,2018,36(9):89-95.

[104] Botosan C A. Disclosure Level and the Cost of Equity Capital[J]. The Accounting Review, 1997, 72(3):323-349.

[105] Lang M H, Lundholm R J. Voluntary Disclosure and Equity Offerings: Reducing Information Asymmetry or Hyping the Stock?[J]. Contemporary Accounting Research, 2000, 17(4):623-662.

[106] 龙文滨,宋献中.社会责任投入增进价值创造的路径与时点研究——一个理论分析[J].会计研究,2013(12):60-64.

[107] 叶陈刚,王孜,武剑锋,等.外部治理、环境信息披露与股权融资成本[J].南开管理评论,2015,18(5):85-96.

[108] 钟宏武,张旺,张蒽,等.中国上市公司非财务信息披露报告(2011)[M].北

京：社会科学文献出版社，2011.

[109] 胡元木，谭有超.非财务信息披露：文献综述以及未来展望[J].会计研究，2013(3)：20-26.

[110] 易珩，马琪琪，章惟一.基于语义分析方法的创业板风险信息披露研究[J].商业会计，2019(2)：74-77.

[111] 宋岩，李帅，张鲁光.企业社会责任信息质量与业绩操纵——基于沪深A股上市公司年报的文本分析[J].产业经济评论（山东大学），2020，19(2)：124-141.

[112] 胡楠，薛付婧，王昊楠.管理者短视主义影响企业长期投资吗？——基于文本分析和机器学习[J].管理世界，2021，37(5)：139-156.

[113] 徐巍，姚振晔，陈冬华.中文年报可读性：衡量与检验[J].会计研究，2021(3)：28-44.

[114] 翟淑萍，王敏，张晓琳.财务问询函对审计联结公司的监管溢出效应——来自年报可读性的经验证据[J].审计与经济研究，2020，35(5)：18-30.

[115] 朱丹，李静柔，李世新.年度报告的可读性水平、过往业绩与分析师预测[J].审计与经济研究，2021，36(5)：77-85.

[116] 王克敏，王华杰，李栋栋，等.年报文本信息复杂性与管理者自利——来自中国上市公司的证据[J].管理世界，2018，34(12)：120-132.

[117] Davis A K, Tama-Sweet I. Managers' Use of Language Across Alternative Disclosure Outlets: Earnings Press Re leases versus MD&A [J]. Contemporary Accounting Research，2012，29(3)：804-837.

[118] 汪昌云，武佳薇.媒体语气、投资者情绪与IPO定价[J].金融研究，2015(9)：174-189.

[119] 谢德仁，林乐.管理层语调能预示公司未来业绩吗？——基于我国上市公司年度业绩说明会的文本分析[J].会计研究，2015(2)：20-27.

[120] 阎达五，孙蔓莉.深市B股发行公司年度报告可读性特征研究[J].会计研究，2002(5)：10-17.

[121] 崔文娟，郝佳赫，盖亚洁.财务报表可读性对股票收益率的影响[J].会计之友，2019(14)：52-57.

[122] 王治，邱妍，谭欢，等.管理层利用董事会报告可读性配合盈余管理了吗[J].财经理论与实践，2020，41(6)：72-78.

[123] 刘会芹，施先旺.年报文本信息可读性与股价崩盘风险[J].投资研究，2022，

41(7):129-148.

[124] 丁亚楠,王建新."浑水摸鱼"还是"自证清白":经济政策不确定性与信息披露——基于年报可读性的探究[J].外国经济与管理,2021,43(11):70-85.

[125] 任宏达,王琨.社会关系与企业信息披露质量——基于中国上市公司年报的文本分析[J].南开管理评论,2018,21(5):128-138.

[126] 林晚发,赵仲匡,宋敏.管理层讨论与分析的语调操纵及其债券市场反应[J].管理世界,2022,38(1):164-179.

[127] 余海宗,朱慧娟.年报语调、分析师跟踪与股价同步性[J].现代经济探讨,2021(10):59-67.

[128] 杨墨,董大勇,徐永安.风险信息披露与股票流动性——基于中国A股上市公司年报文本分析[J].系统管理学报,2022,31(4):794-810.

[129] 田宇.中美贸易摩擦与年报风险信息披露语调研究[D].昆明:云南财经大学,2022.

[130] Jay M. Cultural relativism and the visual turn [J]. Journal of Visual Culture,2002,1(3):267-278.

[131] 周宪.视觉文化的消费社会学解析[J].社会学研究,2004(5):58-66.

[132] Davison J. Communication and antithesis in corporate annual reports: a research note [J]. Accounting, Auditing & Accountability Journal, 2002,15(4):594-608.

[133] Davison J. Photographs and accountability: cracking the codes of an NGO [J]. Accounting, Auditing & Accountability Journal, 2007,20(1):133-158.

[134] Davison J. Rhetoric, repetition, reporting and the "dot. com" era: words, pictures, intangibles [J]. Accounting, Auditing & Accountability Journal, 2008,21(6):791-826.

[135] Graves O F, Flesher D L, Jordan R E. Pictures and the bottom line: the television epistemology of U. S. annual reports [J]. Accounting, Organizations & Society, 1996,21(1):57-88.

[136] Mckinstry, S. Designing the annual reports of Burton PIC from 1930 to 1994[J]. Accounting, Organizations & Society, 1996,21(1):89-111.

[137] Mouritsen J, Larsen H T, Bukh P N. Valuing the future: intellectual capital supplements at Skandia [J]. Accounting, Auditing & Accountability Journal, 2001,14(4):399-422.

[138] Mouritsen J, Larsen H T, Bukh P N D. Intellectual capital and the 'capable firm': narrating, visualising and numbering for managing knowledge [J]. Accounting, Organizations & Society, 2001, 26(7/8): 735-762.

[139] Quattrone P. Books to be practiced: memory, the power of the visual, and the success of accounting [J]. Accounting, Organizations & Society, 2009, 34(1): 85-118.

[140] Davison J. [In] visible [in] tangibles: visual portraits of the business élite [J]. Accounting, Organizations and Society, 2010, 35(2): 165-183.

[141] Bozzolan S, Trombetta M, Beretta S. Forward-Looking Disclosures, Financial Verifiability and Analysts' Forecasts: A Study of Cross-Listed European Firms[J]. European Accounting Review, 2009, 18(3): 435-473.

[142] Merkley K J. Narrative Disclosure and Earnings Performance: Evidence from R&D Disclosures[J]. The Accounting Review, 2014, 89(2): 725-757.

[143] 王华, 刘慧芬. 产品市场竞争、代理成本与研发信息披露[J]. 广东财经大学学报, 2018, 33(3): 52-64.

[144] 温忠麟, 张雷, 侯杰泰, 等. 中介效应检验程序及其应用[J]. 心理学报, 2004 (5): 614-620.